Cómo defender la fe en medio de un mundo confuso

Cómo defender la fe en medio de un mundo confuso

Un manual de apologética cristiana

John Warwick Montgomery

Cómo defender la fe en medio de un mundo confuso: Un manual de apologética cristiana
John Warwick Montgomery

© 2024 New Reformation Publications

Publicado por:
1517 Publicaciones
PO Box 54032
Irvine, CA 92619-4032

ISBN (Paperback) 978-1-962654-97-5
ISBN (Ebook) 978-1-962654-98-2

Traducido del libro *Defending the Faith in a Messy World: A Christian Apologetics Primer*
© 2017 John Warwick Montgomery
Publicado por 1517 Publishing

Las citas bíblicas están tomadas de la Nueva Biblia de las Américas™ NBLA™, © 2005 por The Lockman Foundation.

Contenido

PRIMERA PARTE:
Algunos preámbulos esenciales

1

¿Por qué este manual?

Una respuesta breve (apropiada para un libro también breve) sería: para mostrar lo fácil que es hacer apologética de manera responsable.

Los filósofos cristianos han convencido a la Iglesia de que solo los metafísicamente agudos pueden defender adecuadamente la fe cristiana, y los apologistas populares han hecho un trabajo tan superficial que muchos rehúyen la apologética en cualquiera de sus formas.

Como «ilustre profesor investigador de filosofía» —con más títulos que un periódico— decidí, por tanto, ganarme una mala reputación entre mis colegas escribiendo lo que vendría a ser un libro de la serie «Para dummies*»: «Defensa de la fe para dummies». Sin embargo, no lo titulé así, pues siento un respeto mayor por los lectores que reconocen cuán importante es, en verdad, la defensa de la santa fe cristiana y lo importante que es la tarea de hacerlo con responsabilidad.

No podemos dejar de agradecer a los llamados «nuevos ateos», quienes —pese a sus argumentos juveniles y terriblemente irracionales— han traído nuevamente las cuestiones de la verdad religiosa a la esfera pública. En consecuencia, aun los más políticamente correctos de entre nosotros no pueden seguir evitando enfrentarse a las afirmaciones religiosas.

---

* O «Para bobos» (N. del T.).

2

¿Por qué y cómo defender la fe?

La pregunta «por qué» recibe una respuesta extremadamente breve. El apóstol Pedro declara: «[Estén] siempre preparados para presentar defensa [texto griego: *apología*] ante todo el que les demande razón de la esperanza que hay en ustedes» (1 Pedro 3:15). Nótese que no se trata de una sugerencia piadosa, sino de un *mandato* dirigido a todos los creyentes cristianos.

Cabe preguntarse cómo es posible que la inmensa mayoría de las Iglesias cristianas eviten por completo todo intento de defender la fe. Es cierto que ocupan la mayor parte de su tiempo libre en tallarinadas (o, en las congregaciones luteranas noruegas, en cenas de *lutefisk*, el «trozo de bacalao que sobrepasa todo entendimiento»), pero uno pensaría que un mandato apostólico tendría más efecto que una recreación cuestionable.

Además, si nuestro Señor estaba hablando en serio cuando dijo: «Yo soy el camino, la verdad y la vida; nadie viene al Padre sino por Mí» (Juan 14:6), y si los apóstoles no bromeaban cuando afirmaron: «No hay otro nombre bajo el cielo dado a los hombres, en el cual podamos ser salvos» (Hechos 4:12), ningún cristiano tiene justificación para ignorar el evangelio o descuidar su predicación y defensa en un mundo secular.

Nótese la suposición secular común de que todas las decisiones religiosas son simplemente asuntos de preferencia personal; que la evidencia y los hechos no tienen nada que ver con las creencias de uno. El siguiente es un triste ejemplo de la pluma del escritor noruego de novelas policíacas Jo Nesbø; su héroe-detective, ateo, dialoga con un oficial del Ejército de Salvación:

«¿Es usted cristiano?».

«No. Soy detective. Creo en la evidencia».

«¿Y qué significaría eso?» [...]

«Tengo problemas con una religión que dice que la fe en sí misma es suficiente para ir al cielo. En otras palabras, que lo ideal es tu capacidad de manipular tu propio sentido común para aceptar algo que tu intelecto rechaza. Es el mismo modelo de sumisión intelectual utilizado a lo largo del tiempo por las dictaduras, el concepto de un razonamiento superior sin obligación alguna de asumir la carga de la prueba».

Es precisamente este tipo de tergiversación atroz de la postura cristiana y su justificación lo que debería obligar a los creyentes a defender la fe.

Por lo tanto, ¿cómo se lleva a cabo la tarea apologética? Empecemos por cómo *no* se debe hacer. Olvida tu maravillosa dicha interior, como en el himno de A. H. Ackley: «Me preguntas cómo sé que él vive: vive dentro de mi corazón». El no creyente difícilmente será impresionado por esto, ya que él o ella no puede observar tu interior para determinar si es una experiencia genuinamente espiritual —o si es una acidez u otro tipo de problema estomacal—. Por definición, el no cristiano no ha tenido una experiencia cristiana (de lo contrario, no sería un incrédulo). Tienes que presentar pruebas *externas a ti mismo*, pruebas que puedan resultar significativas para quien está en una búsqueda. Esto significa que, por naturaleza, la apologética es una actividad *objetiva*.

Además, no caigas en la trampa del posmodernismo, en el que «tú cuentas tu historia y el no cristiano cuenta la suya». Debes, por supuesto, empezar con «la antigua historia [...] de Cristo y de su amor», pues no tiene sentido defender algo mientras no hayas dejado claro en qué consiste. Y asimismo querrás averiguar dónde se encuentra el incrédulo en su búsqueda de la verdad. Pero la presentación de dos cosmovisiones contradictorias deja a ambas partes exactamente donde empezaron. Y como hay un número infinito de religiones y filosofías posibles, es imperativo presentar los argumentos en favor del cristianismo. Luego, si efectivamente puede demostrarse que el cristianismo es verdadero, cualquier punto de vista que lo contradiga debe rechazarse en el punto de contradicción.

Olvida, por tanto, lo que un equivocado autor en la materia ha defendido como «apologética humilde». Sí, queremos evitar toda pretensión arrogante (¡después de todo, la verdad de la fe no es un logro *nuestro*!), pero necesitamos presentar un argumento convincente y decisivo en favor de la fe una vez entregada a los santos.

En la frase anterior, el uso de la palabra «argumento» apunta a la terminología y el estilo de argumentación empleados por los abogados en la sala del tribunal. Esto no es casual. El autor es también abogado (así como *barrister* inglés y *avocat* francés, por cierto), y está convencido —junto con los filósofos Stephen Toulmin y Mortimer Adler— de que, cuando se trata de resolver cuestiones religiosas fundamentales, el razonamiento jurídico es más útil que las especulaciones metafísicas o cosmológicas. Al fin y al cabo, los filósofos nunca tienen que alcanzar conclusiones definitivas, mientras que los litigios de vida o muerte en los tribunales deben llegar a veredictos. La vida es muy corta, la eternidad es muy larga, y las discusiones religiosas entre creyentes y no creyentes deben estar condicionadas por ese hecho solemne.

¿Por qué y cómo defender la fe?

En el lado conservador de los creyentes en la Biblia, hay quienes niegan que tenga sentido presentar pruebas en favor de la fe a aquellos que están fuera de ella. ¿Por qué? Porque, según observan, todos los argumentos comienzan con presuposiciones indemostrables; en consecuencia, el cristiano tiene todo el derecho a empezar con las suyas («el Dios que se revela en las Escrituras»). Y, por causa del pecado original, «el ojo ictérico ve todo amarillo» (la frase es de Cornelius Van Til), es decir, el incrédulo siempre rechazará la evidencia que apoya la posición cristiana: de alguna manera se dará una explicación natural. En consecuencia, lo mejor que puede hacer el apologista es criticar las alternativas no cristianas. Muchos de estos «presuposicionalistas» teológicos son calvinistas —no todos—, y sostienen que la salvación y la condenación han sido decididas por Dios en la eternidad, de modo que la tarea apologética no les parece tan decisiva como sería en una situación diferente.

El punto de vista presuposicionalista puede criticarse en muchos niveles. Filosóficamente, es muy cierto que todos los argumentos parten de suposiciones indemostrables. Sin embargo, aunque todas las presuposiciones son iguales, ¡algunas son más iguales que otras! Es decir, es mucho mejor partir de presuposiciones de *método* (la lógica deductiva y el método inductivo, que pueden conducir al descubrimiento de la verdad) que partir de presuposiciones de *contenido* —las cuales prejuzgan la naturaleza del cosmos y, en principio, no pueden confirmarse ni invalidarse—. El presuposicionalista cristiano termina no siendo distinto de, por ejemplo, el presuposicionalista musulmán, que afirma (sin más pruebas que las que el cristiano ofrece para su propio punto de partida): «No hay más dios que Alá, y Mahoma es su profeta». Tales afirmaciones religiosas deben ser puestas a prueba en el crisol de la evidencia fáctica.

Según las Escrituras, la caída del hombre no liquidó el cerebro de Adán ni lo incapacitó para reconocer la voz de Dios; pudo responder a la palabra de Dios aun después de haber caído en el pecado (Génesis 3). Además, a lo largo de la Biblia, los profetas y los apóstoles —así como el propio Señor— esperan claramente que su público responda a la evidencia. Piensa en el encuentro de Elías con los profetas de Baal, el discurso de Pablo en el Areópago o la curación del paralítico por parte del Señor, por no hablar de la fuerza de su resurrección para convencer a quienes previamente dudaron (por ejemplo, Tomás).

También vale la pena señalar que, si debido a sus falsas presuposiciones, el no cristiano rechaza siempre las pruebas positivas en favor del cristianismo, ¿por qué habría de aceptar las críticas del cristiano a su cosmovisión no cristiana? Finalmente, como ya se ha señalado, dado que existe un número infinito de posturas no cristianas, el mero hecho de mostrar las falacias de una o más de ellas nunca demostrará la verdad del cristianismo. Si el presuposicionalista tuviera razón, las numerosas posturas religiosas y filosóficas contradictorias serían como trenes que pasan de noche o, para variar el símil, como fuerzas irresistibles que siempre se encuentran con objetos inamovibles.

Es cierto que las presuposiciones, prejuicios y sesgos de uno influyen en su reacción ante la nueva evidencia. Pero toda la educación se basa en la convicción de que las falsas ideas *pueden* ser desplazadas por la verdad. Aun los «coroneles de Kentucky» del Sur profundo terminaron por ceder ante la fuerza de la evidencia en favor de la igualdad de las razas —o al menos sus hijos lo han hecho—. Una de las marcas más importantes de la madurez es la disposición a sustituir los puntos de vista inadecuados de uno ante la evidencia contraria. Es necesario inculcar esta verdad a los no cristianos como parte fundamental de la tarea apologética.

4

¿Revelación o sentido común?

Hay un hecho inquietante que debe afrontarse en relación con cualquier búsqueda de cuestiones fundamentales y, por tanto, en cualquier discusión apologética que valga la pena. Es el siguiente: dadas las limitaciones humanas y la vasta extensión del cosmos, ningún afán sincero bastará para producir una explicación metafísicamente convincente y exhaustiva de la realidad.

Arquímedes observó correctamente que la única forma de mover el mundo sería mediante una palanca cuyo punto de apoyo estuviera *fuera* del mundo. Kierkegaard demostró, en su demoledora crítica al idealismo hegeliano, que nadie podría tener un conocimiento suficiente de la historia como para afirmar que, en última instancia, un proceso dialéctico inevitable alcanzaría la meta de la libertad perfecta. La misma falacia yacía en el corazón de la creencia de Marx de que una dialéctica materialista produciría necesariamente una «sociedad sin clases» milenaria. En el ámbito de la física, el principio de indeterminación de Heisenberg demuestra que, cuanto más acertadamente se establece la posición de una partícula, menos acertadamente se conoce su momento, y viceversa. Y el filósofo analítico Wittgenstein sostuvo contundentemente que «la ética es trascendental», lo cual significa que una ética o sistema de valores absoluto solo puede surgir fuera del mundo del esfuerzo humano. Un resumen conciso de esta verdad fundamental nos llega a través de —por supuesto— Woody Allen: «¿Podemos *conocer* el universo? Dios mío, ya es bastante difícil orientarse en el barrio chino».

La cuestión aquí es que todo intento secular de «conocer el universo» carecerá de necesidad lógica o fáctica. La única solución, en principio, es *una revelación trascendente procedente del exterior de nuestro universo*, es decir, una palabra de Dios. El apologista cristiano debe ser plenamente consciente de esta limitación de lo que aun el más sincero y bienintencionado de los incrédulos puede lograr.

Pero ¿no puede esta limitación ser volteada y usada contra el propio apologista? La incapacidad humana para afirmar absolutos, ¿no impide al mismo tiempo cualquier tipo de argumentación eficaz en favor de la fe? ¿No nos vemos obligados a aceptar el clásico adagio *finitum non capax infiniti* («lo finito es incapaz de lo infinito») o, peor aun, la «zanja» de Lessing, que afirma que las verdades accidentales de la historia jamás pueden proporcionar las verdades necesarias de la razón?

La respuesta es no, pues debemos distinguir cuidadosamente entre una revelación trascendental y *la evidencia de* una revelación trascendental. Somos incapaces (por definición) de proporcionar la primera, pero sin duda podemos verificar las afirmaciones de que tal revelación existe. Si (como en el caso del Islam) no hay pruebas que demuestren que el Corán es realmente lo que dice ser —una revelación divina— o que Mahoma fue el único profeta de Alá, debemos rechazar racionalmente esa afirmación religiosa. Pero si, digamos, hubiera evidencias proféticas y milagrosas sólidas que apoyaran la afirmación de deidad de Jesús, estaríamos en un terreno totalmente distinto, en virtud del cual podríamos (y seguramente deberíamos) seguir esas pruebas a donde estas nos llevaran. El hecho de que uno sea incapaz de construir una ciudad no significa que no pueda seguir un mapa hasta la ubicación de dicha ciudad.

De esto se deduce que la certeza en la religión, incluida, especialmente, la certeza de la salvación y la vida eterna en presencia del Dios del universo, depende directamente de una revelación divina verificable. Esta debe ir más allá del mero reconocimiento de la existencia de Dios. La idea queda muy clara en una de las viñetas de Gary Larson: Dios telefonea a la Tierra. «¿Aló? ¿Aló? ¡Soy Dios! ¿Con quién hablo?» «Eh... con Ernie Miller, señor». Dios: «¿Ernie qué? ¿Hablo con el 555-1728?» «No, señor. Este es el 555-1782». Dios dice: «Lo siento», y cuelga. *Y por el resto de su vida, Ernie contó a sus amigos que había hablado con Dios.*

En los siguientes capítulos, ayudaremos al apologista novato a entender y presentar al incrédulo el argumento en favor de una revelación divina con el contenido específico que puede salvar —algo muy diferente a una llamada telefónica cósmica a un número equivocado—.

SEGUNDA PARTE:

Los puntos de conflicto

1
Dios: ¿Hay alguien ahí?

Sigmund Freud sostuvo que Dios es un mito: los creyentes proyectan la «imagen paterna» al cosmos, creyendo ingenuamente que, en algún lugar de las alturas, existe un Padre universal. Como veremos, en realidad es el ateo, y no el creyente en Dios, quien crea mitos.

A los abogados se les enseña a nunca interrogar al testigo haciéndole una pregunta sin saber la respuesta que el testigo debe dar. Consideremos la siguiente serie de preguntas que conducen —inevitablemente— a una afirmación de la existencia de Dios:

1. ¿Conoces tú —o quien sea— algo en este mundo que pueda explicarse por sí mismo? *La respuesta inevitable es* no. (Este libro, para explicar su existencia, requiere apelar a algo más allá de sí mismo —por ejemplo, a un autor—. Y el autor no se explica por sí solo; como mínimo, uno debe explicar su presencia señalando a sus padres, y así sucesivamente).

2. ¿Estarías de acuerdo en que el mundo se compone de todas las cosas que hay en él? *La respuesta inevitable (puesto que al hablar de «el mundo» nos referimos a la suma total de todas las cosas que hay en él) es* sí. (Negarlo sería admitir no solo un grave vacío en la cabeza —en términos de lógica—, sino también, probablemente, la necesidad de ayuda psiquiátrica inmediata).

3. ¿Puede el mundo, en su conjunto, explicarse por sí mismo? *La conclusión inevitable, basada directamente en lo anterior, es* no.

Para explicar el mundo, entonces, la explicación debe buscarse fuera o más allá de él. Es decir, debe acudirse a una fuente *trascendental* —o, en lenguaje ordinario, a Dios— para explicar el universo en el que nos encontramos.

Se pueden plantear dos objeciones a este argumento fundamental (llamado el argumento de la contingencia, pues un mundo que no se explica por sí mismo es un mundo *contingente*). En primer lugar, ¿por qué necesitamos siquiera explicar el mundo? La respuesta, sencillamente, es que —como bien dijo Aristóteles— «El hombre, por naturaleza, desea saber». Los seres humanos no son naranjas chinas. La naranja china, la marsopa y el gatito no sienten la obligación —y, de hecho, no son capaces— de plantearse preguntas cósmicas, pero el ser humano sí. Ser indiferente al «por qué» de la existencia es, en efecto, negar la propia condición humana —aceptando así la naturaleza de una naranja china—.

Una objeción más significativa al argumento de la contingencia es la afirmación de que en realidad no resuelve nada, pues uno puede plantearse inmediatamente la pregunta: «¿Quién creó a Dios?». Sin embargo, nótese que aquí se llega a una regresión infinita, pues en el momento en que, para explicar a Dios, se predica un Dios-a-la-segunda-potencia, debe suponerse un Dios-a-la-tercera-potencia para explicar Dios-a-la-segunda-potencia, y así eternamente. Se cae inevitablemente en la trampa de una serie infinita —una serie sin fin—. Y si no tiene fin, jamás explica Dios-a-la-$(n-1)$ —el penúltimo Dios de la serie—, pues en realidad, en una serie infinita no existe un penúltimo elemento. De ello se deduce que Dios-a-la-tercera-potencia, Dios-a-la-segunda-potencia, Dios *y el universo con el que empezamos* quedan sin explicación. Hemos perdido el tiempo; lo habríamos usado mejor viendo reposiciones de alguna vieja serie de televisión.

En realidad hay solamente dos opciones: concluir nuestro argumento ya sea en Dios (y punto) o en el universo en el que vivimos. El teísta hace lo primero y el ateo lo segundo. ¿Qué es más sensato? No hay pruebas ni razones para pensar que Dios es contingente, mientras que sí hay pruebas abrumadoras de que nuestro mundo lo es totalmente. De este modo, el creyente en Dios es realista; dice: «El universo parece contingente, y huele y sabe a contingencia. Por tanto, concluyo que *es* contingente y que requiere una explicación trascendente externa a él —es decir, Dios—».

El ateo, sin embargo, es el verdadero creador de mitos. Él o ella dice: «De acuerdo; el universo parece contingente, y tiene el olor y el sabor de lo contingente. Sin embargo, contra todas las evidencias, creo que, *en realidad, en el fondo,* se explica por sí mismo, sin necesidad de un Dios». Semejante irracionalidad y desprecio de los hechos parecen confirmar la afirmación del salmista: «El necio ha dicho en su corazón: "No hay Dios"» (Sal 14:1).

El argumento de la contingencia se apoya no solo en nuestra propia experiencia, sino en todas las disciplinas académicas serias. Así, en la física y la ingeniería, tenemos la segunda ley de la termodinámica, uno de los principios científicos más fundamentales. La segunda ley nos informa que, en cualquier sistema cerrado (cualquier sistema en el que no se añada energía desde el exterior), la energía de ese sistema disminuye continuamente su capacidad de trabajo hasta que, en un período de tiempo finito, llega a cero, o a una «muerte térmica» (la energía no desaparece, sino que solo se vuelve cada vez menos funcional. Es como un surfista californiano tumbado sobre una tabla de surf: permanece ahí, pero no presta ninguna utilidad).

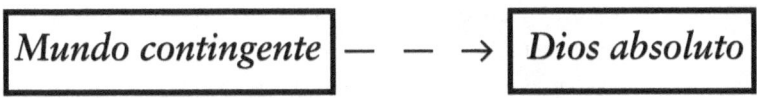

Segunda ley de la termodinámica

Muerte térmica o entrópica

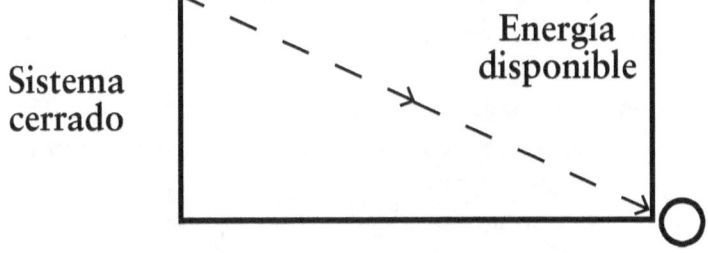

Si el ateo tuviera razón al sostener que el universo increado ha existido siempre, este *ya habría llegado a una muerte térmica*, ya que todos los períodos finitos están englobados dentro de una duración infinita. Las únicas explicaciones decentes de que aún tengamos energía para debatir esta cuestión son que, o el universo fue creado hace un tiempo finito (y, por tanto, aún no ha tenido tiempo de alcanzar la muerte térmica), y/o afuera hay un Dios que inyecta energía para evitar que el universo se vaya a pique (cf. Colosenses 1:17). La energía, entonces —como todo lo demás en un universo contingente—, no se explica por sí misma y requiere de un Creador trascendente para explicar el hecho de que el aumento de la entropía no nos haya dejado a todos sin remos en medio del arroyo cósmico.

No es de extrañar, por tanto, que Gordon Van Wylen, catedrático del Departamento de Física de la Universidad de Michigan y autor de un importante libro sobre termodinámica, afirme que su creencia en Dios cuenta con el apoyo de la segunda ley. Y el ateo que esté pensando en «derogar» la segunda ley debería reflexionar sobre la advertencia de Sir Arthur Eddington: «Si alguien te señala que tu teoría favorita del universo está en desacuerdo con las ecuaciones de Maxwell, eso solo será peor para las ecuaciones de Maxwell. Si la observación las contradice, bueno, a veces los experimentadores meten la pata. Pero si se descubre que tu teoría es contraria a la segunda ley de la termodinámica, no puedo darte esperanzas: su único destino es derrumbarse en la más profunda humillación».

La mayoría de los cosmólogos están de acuerdo en que nuestro universo es *finito*. La segunda ley de la termodinámica, como acabamos de ver, apoya esa opinión. Isaac Asimov estimó el radio del universo finito (el denominado radio de Hubble) en 12 000 millones de años luz. Puede que se equivocara por algunos kilómetros, pero la cuestión sigue siendo la misma: un universo que tiene radio tiene también un diámetro *y una circunferencia*. Y una circunferencia significa que el universo no puede ser todo lo que hay: debe haber algo (o alguien) más allá.

Pero ¿no se puede simplemente apelar, como lo ha hecho Stephen Hawking, a los «multiversos», la noción de que nuestro universo podría ser solo uno de una cantidad infinita de universos posibles, que no requieren de un Dios como explicación? El filósofo y antiguo ateo Antony Flew dijo que estas no eran más que «vías de escape [...] para preservar el *statu quo* no teísta». ¿Por qué? Porque el problema no se resuelve en absoluto. No hay una sola pizca de evidencia empírica que apoye una multiplicidad de universos, y aun si existieran, requerirían una explicación y, por tanto, un Dios que diera cuenta de ellos.

Finalmente, existe un camino más realista para alejarse del ateísmo: conocer a Dios encarnado. Cuando uno de sus discípulos le pidió: «Muéstranos al Padre», Jesús respondió: «El que me ha visto a mí, ha visto al Padre» (Juan 14:8-9). La principal afirmación cristiana es que «Dios estaba en Cristo reconciliando al mundo con Él mismo» (2 Corintios 5:19). Veamos las pruebas de que esto realmente es así.

2

Cristo: ¿Humanidad evolucionada o Dios encarnado?

Creer en Dios es una buena idea; resuelve problemas filosóficos serios. Pero eso, en sí, no resuelve el problema personal de estar bien con el universo. Se nos dice que «también los demonios creen» en Dios, pero siguen siendo demonios (Santiago 2:19).

Por lo tanto, la tarea apologética no debe centrarse en argumentos abstractos sobre la existencia de Dios, sino en el argumento a favor de Jesucristo, que afirmó ser Dios encarnado, venido a la tierra para proporcionar un camino de salvación a una raza caída.

Jesús no se presentó como un simple maestro de moral —un *boy scout* judío que ayudaba a las ancianitas a cruzar el mar de Galilea—, sino como el Hijo único de Dios y el único Salvador del mundo. Afirmó su preexistencia («antes que Abraham naciera, Yo soy», Juan 8:58); perdonó el pecado (Marcos 2:5-7); afirmó en términos inequívocos, como ya hemos señalado, «El que me ha visto a Mí, ha visto al Padre» (Juan 14:8-9); y predijo su regreso al final de los tiempos para cerrar la historia de la humanidad (Marcos 14:61-64). A sus oponentes religiosos no les costó reconocer que se trataba de afirmaciones divinas y, negándolas, lo condenaron por blasfemo. Por lo tanto, la cuestión clave era (¡y sigue siendo!): ¿Era Jesús la persona que él afirmaba ser —Dios encarnado—, o era un impostor?

Todos nuestros conocimientos sobre la vida y el ministerio de Jesús proceden de los documentos reunidos en el Nuevo Testamento. Así pues, la pregunta del millón es si estos documentos, y los testimonios que contienen, son fiables a la hora de presentar una imagen fidedigna de la figura central del cristianismo.

Aquí, al igual que en el capítulo anterior, podemos exponer una serie de proposiciones que —si la evidencia las apoya— conducen directamente a una confirmación de la postura cristiana.

1. Los documentos del Nuevo Testamento son fiables.

2. Los testigos de Jesús en el Nuevo Testamento son sumamente fiables.

3. En estos documentos, Jesús predice su resurrección de entre los muertos y los testigos declaran que efectivamente venció a la muerte.

Si estas afirmaciones son sostenibles, la única conclusión adecuada es que Jesús debe ser considerado como Aquel que él afirmó ser: Dios todopoderoso, quien ofrece el único camino verdadero de salvación.

Los documentos del Nuevo Testamento, cuando se los compara con toda la gama de autores clásicos, resultan ser incomparablemente mejores, tanto en la precisión de su transmisión como en la solidez de su autoría procedente de fuentes primarias. Sir Frederic Kenyon, una de las mayores autoridades del siglo XX en la crítica textual del Nuevo Testamento, afirmó que «el texto del Nuevo Testamento [...] está mucho mejor atestiguado que el de cualquier otra obra de la literatura antigua». Esto significa que, si uno desea descartar el testimonio del Nuevo Testamento sobre Jesús, por supuesto que puede hacerlo, ¡pero primero debe descartar prácticamente todo su conocimiento de la civilización grecorromana clásica!

La autoría de los principales documentos del Nuevo Testamento está respaldada por evidencia externa que no se tiene en el caso de casi todos los escritos seculares de la antigüedad. Así, declaraciones de discípulos del apóstol Juan (Papías y Policarpo) respaldan la noción de que la autoría de los Evangelios procede de los propios apóstoles (Mateo, Juan) o de colaboradores cercanos de estos (Marcos, Lucas). Las fechas tempranas asignadas a los relatos sinópticos de la vida y el ministerio de Jesús se desprenden del hecho —argumentado por Adolf von Harnack, historiador alemán del siglo XIX— de que Lucas debió de escribir el Libro de los Hechos antes de la muerte de san Pablo (64-65 d. C.) y, consecuentemente, de que el Evangelio de Lucas (escrito antes de Hechos y junto con el Evangelio de Marcos, que Lucas utilizó) tuvo que ser escrito en el plazo de una generación tras la muerte de nuestro Señor (entre los años 30 y 65 d. C., un período de apenas 35 años). Esto significa que, cuando las afirmaciones de los evangelistas sobre la divinidad de Jesús estuvieron en circulación, aún vivían testigos hostiles de la vida y el ministerio de Jesús, testigos hostiles que tenían los medios, el motivo y la oportunidad para refutar lo escrito por los evangelistas —si hubiera sido posible—. El hecho de que no lo hicieran solo puede explicarse *porque no pudieron*: no había hechos que apoyaran la refutación.

Los documentos del Nuevo Testamento están además respaldados por sólidas evidencias arqueológicas. Por ejemplo, la «inscripción de Pilato», descubierta en 1961 cerca de Cesarea Marítima, confirma la existencia y el papel político de Poncio Pilato tal y como los recogen los Evangelios. Asimismo, el Dr. Steven Austin analizó los registros de barro del terremoto del año 33 d. C. que, de acuerdo a los Evangelios, ocurrió cuando Cristo murió en la cruz.

Lo que tenemos, pues, en el Nuevo Testamento son registros de fuentes primarias: relatos sobre Jesús procedentes de quienes lo conocieron o estuvieron en contacto inmediato con quienes lo conocieron. Los testigos, tal como los acusados en un tribunal, deben ser considerados inocentes a menos que se demuestre su culpabilidad. Y no hay motivo para descartar los testimonios de estos testigos: eran personas normales que sin duda sabían distinguir entre la verdad y la mentira; no tenían antecedentes de engaño ni de perturbación psicológica; y hacen afirmaciones tan directas como: «Cuando les dimos a conocer el poder y la venida de nuestro Señor Jesucristo, no seguimos fábulas [griego: *múdsoi*, "mitos"] ingeniosamente inventadas, sino que fuimos testigos oculares de Su majestad» (2 Pedro 1:16).

Si se aplica el análisis de fraudes a los relatos del evangelio (yo soy examinador certificado de fraudes, así que estoy en una buena posición para hacerlo), pasan airosamente la prueba. El «triángulo del fraude» de Cressey y la «balanza del fraude» de Albrecht identifican como principales predictores del fraude la oportunidad y la presión situacional, así como la baja integridad personal. En el caso de los testigos del evangelio, ninguno de estos factores se aplica. Poseían (con excepción de Judas) una gran integridad personal, no tenían motivación alguna para fabricar una imagen divina de Jesús —todo lo contrario, a la luz de la oposición religiosa oficial a su identificación como Mesías— y, lo que es más importante, no tenían ninguna posibilidad de salirse con la suya presentando una imagen sesgada de Jesús mientras los testigos hostiles de los mismos hechos aún vivían y estaban más que dispuestos a destruir las afirmaciones cristianas —si hubiera sido posible hacerlo—.

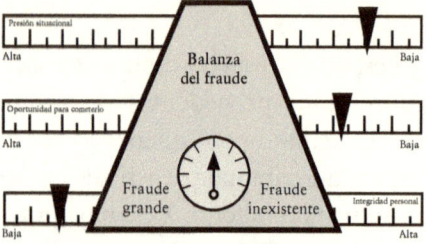

Adaptado de Albrecht, Howe, Romney, «Deterring Fraud: The Internal
Auditor's Perspective», p. 6.

Sin duda, si en estos excelentes documentos históricos y sus magníficos
testimonios tuviéramos solamente afirmaciones de estatus divino, el
argumento en favor del cristianismo carecería de credibilidad. Hacer
afirmaciones es barato, cualquiera puede hacerlas en un tribunal, y el
éxito no depende de las afirmaciones, sino de la demostración de esas
afirmaciones. Así pues, el factor crítico —factor no disponible en ningún
otro contexto filosófico o religioso— son las pruebas de la veracidad de
las afirmaciones divinas de Jesús basadas en las profecías cumplidas y en
los milagros que realizó. Más adelante nos ocuparemos de las profecías;
aquí nos interesa el principal testimonio de las afirmaciones divinas de
Jesús, a saber, su resurrección de entre los muertos.

Los relatos de la resurrección ocupan un lugar central en los registros
de los Evangelios sobre la vida terrenal de Jesús, y son presentados por
los mismos escritores que nos proporcionaron todo lo que sabemos de su
ministerio. Así pues, a menos que estemos dispuestos a desechar nuestro
conocimiento de Jesús en general, debemos considerar los relatos de

la resurrección con el mismo respeto que concedemos a toda la demás información presentada por quienes tuvieron contacto inmediato con él.

Esos relatos dejan bien claro que Jesús fue crucificado públicamente y que, durante un período de cuarenta días, se apareció físicamente vivo a quienes lo habían conocido bien —incluidos los escépticos como el apóstol Tomás—. San Pablo, escribiendo en el año 56 d. C., afirmó que Cristo resucitado se había aparecido a una lista de testigos nombrados, y a otros quinientos, «la mayoría de los cuales viven aún» (1 Corintios 15:1-8).

La única refutación posible de estas afirmaciones no es histórica (pues no hay pruebas históricas que las contrarresten), sino filosófica: que los milagros simplemente no ocurren o no se pueden validar. El clásico argumento de David Hume contra los milagros —que existe una «experiencia uniforme contra lo milagroso»— resulta ser perfectamente circular, pues (obviamente) si nadie ha visto jamás un milagro, no se puede afirmar que los haya (y por tal razón el filósofo no cristiano John Earman tituló su libro «El rotundo fracaso de Hume: El argumento contra los milagros»). El nuestro es un universo vasto y misterioso en el que ningún ser humano tiene el conocimiento ni la perspectiva para pontificar sobre qué sucesos son imposibles. La única manera de saber si se ha producido un milagro es sacudirse la pereza y salir a verificar el valor del testimonio histórico de que ocurrió (no tan casualmente, uno de los problemas de los filósofos profesionales es que intentan continuamente hacer afirmaciones cósmicas sin molestarse en investigar los hechos cósmicos).

Solo la investigación histórica puede determinar si Jesús resucitó. Y el testimonio de la historia es decisivo. Si uno lo ignora, nunca podrá, por ejemplo, explicar el éxito de la fe cristiana en un Imperio romano pagano repleto de otras opciones religiosas y filosóficas, todas las cuales quedaron en el camino mientras el cristianismo triunfaba, sólidamente basado en la conquista de la muerte por parte de Jesús.

Tres consideraciones finales

Pero ¿no se considera, en los círculos teológicos liberales, que los Evangelios son productos editados de la tradición eclesiástica primitiva y, por tanto, no son una fuente fiable de información sobre Jesús? Ciertamente así los considera la «alta» crítica —o crítica «documental»—. El problema de ese método desafortunado y poco erudito es doble. Como acabamos de ver, la asignación de fechas tempranas a los materiales del Nuevo Testamento cuenta con un poderoso apoyo; esto significa que no hubo tiempo para editar, alterar o manipular los datos de forma comparable. Sin embargo, lo que es aun más importante, la crítica «alta/documental» es un error colosal, pues no existen documentos que muestren lo que supuestamente se editó y ensambló para producir los registros del evangelio tal como los tenemos. La alta crítica es una operación totalmente subjetiva: el crítico ve cambios de vocabulario, diferencias estilísticas y movimientos lógicos que él no habría hecho y concluye que los escritores de los Evangelios no habrían producido material de ese tipo. En realidad, lo único que esto demuestra es que los críticos no habrían escrito el Nuevo Testamento tal como se ha escrito. Y es por *eso que Dios *no eligió a personas de la alta crítica para escribir la Biblia.* Dios, como Frank Sinatra, quería hacerlo *a su manera.*

Pero ¿por qué aceptar la explicación de Jesús sobre su resurrección: que Dios lo resucitó de entre los muertos? Porque el que logra algo, especialmente si nadie más puede hacerlo, está en la posición ideal para explicar cómo sucede. Preferimos que un artista de éxito nos explique su obra, en lugar de que lo hagan los críticos, incapaces de dibujar siquiera una figura de palotes en forma satisfactoria.

Pero ¿por qué aceptar la divinidad de Jesús solamente porque resucitó? Porque, como nos dicen los psicoanalistas, los grandes literatos y nuestro propio corazón, la muerte es nuestro gran problema sin resolver. La muerte puede arruinarnos el día, y de hecho lo hace. Si alguien puede efectivamente vencerla, merece —por sobre cualquier otro— nuestra adoración. Y esto, fuera de toda duda, lo hace por su infinito amor a nosotros. Nos ofrece aquella conquista de la muerte y la vida eterna como un don inmerecido, y se trata precisamente de lo que él ha hecho: «Porque Yo vivo, ustedes también vivirán» (Juan 14:19).

Un último punto sermónico

Si Jesús realmente venció a la muerte, vale la pena escucharlo. Es de suponer que, como Dios Todopoderoso, posee más conocimiento de las verdades universales del que nosotros jamás podríamos comprender.

Por lo tanto, si él declara que la salvación implica x y no y, el asunto queda forzosamente *resuelto*. Se acaba la especulación. Y su mensaje es que, a causa de nuestro egoísmo endémico, no podemos salvarnos, hagamos lo que hagamos (intelectual, social, política, moral o psicológicamente). La salvación, dice, está disponible como un don gratuito para quienes admitan su absoluta necesidad de ella y vengan a él para recibir el amor y la gracia que ofrece a través de su muerte por nuestros pecados en la cruz.

En los próximos dos capítulos veremos las implicaciones de la divinidad de Jesús para las cuestiones de la naturaleza de Dios y la revelación bíblica en general.

3

La Trinidad: ¿Es tres lo mismo que uno?

La doctrina de la Santísima Trinidad, según la cual Dios es uno y existe en tres personas —Padre, Hijo y Espíritu Santo—, es fundamental para la verdad de la fe cristiana y se expone explícitamente en sus credos históricos (de los Apóstoles, de Nicea y de Atanasio). Los no cristianos —especialmente los unitarios y los Testigos de Jehová— ridiculizan esta enseñanza, señalando que «1 más 1 más 1 no es igual a 1».

Abundan los intentos sermónicos de resolver el problema, como la observación de que, mientras $1 + 1 + 1 \neq 1$, $1 \times 1 \times 1 = 1$. El problema con tales «soluciones» es que las explicaciones puramente formales y matemáticas no pueden ocuparse eficazmente de las cuestiones concretas y empíricas. Como dijo sabiamente Wittgenstein, las matemáticas son como un andamiaje: pueden mostrarnos la forma del mundo, pero no de qué está hecho empíricamente.

Sin embargo, la racionalidad no está del lado de la negación de la doctrina trinitaria, sino de su afirmación. Veamos por qué esto es así.

En primer lugar, Jesús mismo enseña el trinitarismo, y los acontecimientos de su vida lo confirman. Al comienzo del ministerio de Jesús, cuando Juan lo bautiza, se hace referencia explícita a las tres Personas de la Divinidad (Mateo 3:13-17). Al final de su ministerio terrenal, Jesús da órdenes trinitarias a la Iglesia: «Vayan, pues, y hagan discípulos de todas las naciones, bautizándolos en el nombre [*singular*: un solo Dios] del Padre y del Hijo y del Espíritu Santo» (Mateo 28:19).

Como hemos visto, Jesús demuestra su deidad mediante —entre otras cosas— su resurrección de entre los muertos. La conclusión es que, como Dios, él es la fuente ideal de información sobre la naturaleza de la Divinidad.

Es cierto que no conseguiremos explicar cómo Dios puede ser monoteísta y, sin embargo, existir en tres Personas. No obstante, tal como en la ciencia, la cuestión no es si podemos *explicar* algo, sino si, *de hecho, existe*. Como hemos señalado, el universo es tan vasto y complejo que difícilmente puede esperarse que los seres humanos entiendan su funcionamiento interno; sin embargo, al menos hasta cierto punto, somos indudablemente capaces de descubrir si aun fenómenos inexplicables realmente existen.

Pensemos en la naturaleza de la luz. Si se somete la luz a dos pruebas experimentales diferentes pero igualmente confiables, resulta ser tanto *particulada* como *ondulatoria* —es decir, está compuesta de partículas y ondas—. El problema es que las ondas no son partículas y las partículas no son ondas (las partículas tienen masa; las ondas no).

¿Qué hacen los físicos ante este hecho? ¿Formar dos denominaciones (ondistas y particulistas) y pelearse por cuál es la verdadera naturaleza de la luz? Por supuesto que no. Aceptan la paradoja y se refieren a una unidad de luz como «fotón»: una «onda-partícula».

Si se les acercara un unitario o un testigo de Jehová alegando que tal proceder es irremediablemente irracional, responderían: «Hay que reconocer que no entendemos el *cómo*, pero la evidencia muestra que la luz es de tal naturaleza». En la ciencia, seguimos los datos, y si todos nuestros esfuerzos por dar una explicación fracasan, eso solo será peor para nuestras explicaciones, pero *no* tanto para los datos.

Esta es precisamente la posición de la Iglesia histórica con respecto a la naturaleza de Dios. Los cristianos no tienen la menor idea de cómo Dios puede ser Padre, Hijo y Espíritu Santo. Pero esto es precisamente lo que Jesús —quien ha demostrado ser Dios él mismo— ha declarado en relación con la naturaleza de Dios. De modo que, para describir la situación factual, la Iglesia emplea la palabra «Trinidad» tal como el físico utiliza la palabra «fotón» para describir un hecho empírico cuyo mecanismo es no solo desconocido, sino también misteriosamente paradójico.

Ciencia (Física)	Teología
Naturaleza de la luz	*Naturaleza de Dios*
«fotón» = onda-partícula	«Trinidad» = Padre-Hijo-E.S.

Finalmente, esta discusión debería echar por tierra la afirmación de los defensores de los Evangelios gnósticos (que son tardíos y no históricos), quienes dicen que el trinitarismo fue importado a la teología cristiana en una fecha tan tardía como la del Concilio de Nicea, producto de la nociva influencia de la filosofía griega. La Trinidad es inherente a las enseñanzas de los Evangelios del Nuevo Testamento y refleja lo que Jesús mismo dijo sobre su propia naturaleza. Por lo tanto, la elección es sencilla: o nos atenemos a lo que Dios dice sobre Dios, o nos tragamos las especulaciones que los no divinos ofrecen sobre lo divino.

¿Hasta qué punto es fiable la Biblia?

Hemos visto que los Evangelios son documentos históricos superlativos. Pero la Biblia consta de sesenta y seis libros que, a lo largo de los siglos, la Iglesia ha considerado como revelación divina. ¿Puede sostenerse esta afirmación?

Comenzaremos con un argumento que, aunque no prueba la inerrancia de la Biblia, sin duda llamará la atención de cualquiera respecto de la naturaleza única del Antiguo y el Nuevo Testamento. El argumento es estadístico y se basa en la Regla del producto.

Dicha regla declara que la probabilidad estadística de que una serie de sucesos independientes ocurran por casualidad puede calcularse mediante una fórmula en la que, después de asignar un valor arbitrario a uno de los sucesos, el denominador de la fracción que representa la probabilidad de ese suceso se eleva al número de sucesos en cuestión ($P = 1/x^n$). Supongamos, por tanto, que la probabilidad de que una profecía sobre el primer advenimiento de Cristo se cumpla por casualidad es del 25 por ciento: ¼. Hay una gran cantidad de profecías de este tipo dispersas por todo el Antiguo Testamento, y son independientes, ya que aparecen en una variedad de libros escritos en diferentes épocas. Si trabajáramos con solo 25 de estas profecías, elevaríamos el denominador (4) de ¼ a la vigesimoquinta potencia ($P = 1/4^{25}$). El resultado sería que la probabilidad de que 25 profecías se cumplan por casualidad —si la probabilidad de que se cumpla una es de solo un 25 por ciento— ¡sería de una entre mil billones!

Por supuesto, la probabilidad de que una de estas profecías se cumpla por casualidad es muy inferior al 25 por ciento. Considera, comprobándolo en tu hospital local, la probabilidad de que «Una virgen concebirá y dará a luz un hijo» (Isaías 7:14). Como concluyó correctamente el matemático que desarrolló este argumento, «Todas estas profecías fueron acontecimientos vistos de antemano, en los que "santos hombres de Dios hablaron siendo movidos por el Espíritu Santo". Las profecías fueron dadas por revelación —divinamente inspiradas—».

La única forma posible de evitar tal conclusión sería afirmar que, o bien las profecías fueron escritas *después* de sus «cumplimientos» en la vida de Cristo (imposible, pues —sorpresa, sorpresa— el Antiguo Testamento precedió al Nuevo Testamento), o que los escritores del Nuevo Testamento amañaron la vida de Cristo para hacerla calzar con las profecías (imposible, pues ya hemos visto que los testigos hostiles — los líderes religiosos judíos que sin duda conocían el Antiguo Testamento y estuvieron presentes durante el ministerio terrenal de Jesús— jamás habrían permitido que los escritores de los Evangelios se salieran con la suya inventando cumplimientos proféticos para apoyar las afirmaciones divinas de Jesús).

Pero ahora centrémonos específicamente en los argumentos a favor de la profunda fiabilidad de toda la Biblia. Al hablar de la salvación y la Santísima Trinidad, nuestro enfoque ha consistido en aceptar las declaraciones de Jesús sobre el tema. Podemos generalizar este principio: si Dios declara que la cuestión es x, el asunto queda forzosamente resuelto. De esta manera, si Jesús nos diera consejos sobre *hardware* y *software* informático, seguiríamos los consejos suyos antes que los manuales de reparación preparados por simples seres humanos (el hecho de que él no nos proporcionara ayuda en este punto explica en parte por qué «errar es humano; estropearlo todo requiere un PC»).

Siguiendo esta línea, deseamos conocer la opinión de Jesús sobre la Biblia. ¿Hasta qué punto la consideraba valiosa?

He aquí dos cuestiones preliminares antes de responder a esa pregunta en detalle. En primer lugar, ¿no estamos incurriendo en un razonamiento circular («Creo en Jesús porque la Biblia me lo dice, y creo en la Biblia porque Jesús me lo dice»)? Este *no* es nuestro planteamiento. Empezamos con los documentos del Nuevo Testamento considerándolos como *documentos*, no como revelación divina. Si en esos confiables documentos históricos descubrimos que Jesús afirma ser Dios en la tierra, y lo demuestra por medio de profecías cumplidas y milagros, y nos dice que toda la Biblia es revelación divina (incluidos esos documentos del Nuevo Testamento con los que empezamos), no hay circularidad alguna. Es como comprar un terreno para cultivarlo y, más tarde, descubrir que contiene petróleo: aquello con lo que se empezó resulta ser infinitamente más valioso de lo que uno había esperado.

En segundo lugar, hay que hacer una distinción entre el Antiguo y el Nuevo Testamento. El primero se completó antes de la época de Jesús; el segundo solo se produjo después de concluida su vida terrenal. De este modo, la forma en que Jesús validará el Nuevo Testamento será distinta de la manera en que avalará el Antiguo.

En cuanto al Antiguo Testamento, realmente no hay discusión sobre la opinión de Jesús sobre él. En declaraciones específicas (Mateo 5:18, Lucas 24:27, Juan 5:39, etc.), Jesús afirmó la naturaleza reveladora total de la Biblia hebrea. Cuando citó pasajes que le plantean serios problemas al hombre secular moderno (Adán y Eva, Noé y el Diluvio, o Jonás), se refirió a ellos como representaciones de hechos históricos, no como mitos o leyendas. Durante su encuentro con el diablo en el desierto (Mateo 4, Marcos 1, Lucas 4), cuando el maligno lo tentó para que convirtiera las piedras en pan, Jesús respondió: «No solo de pan vivirá el hombre, sino de *toda palabra* que sale de la boca de Dios». El diablo había citado las Escrituras fuera de contexto, y Jesús insiste en que se debe aceptar «toda palabra» de la revelación bíblica.

Un decano de la Harvard Divinity School declaró una vez: «Por supuesto que Jesús creía en la inerrancia de todo el Antiguo Testamento; todos los judíos de su época lo hacían. Desafortunadamente, él no tuvo el beneficio de la erudición crítica moderna». Ante esto, la única respuesta adecuada es: aun concediendo el inmenso valor de un título de Harvard, Jesús, al demostrar su deidad resucitando de entre los muertos, proporciona una autoridad bastante más convincente para *su* punto de vista sobre el Antiguo Testamento.

Habiendo descendido, en el párrafo anterior, a mencionar la crítica bíblica liberal contemporánea, nos vemos obligados a decir una o dos palabras sobre la «teoría de la Kenosis». *Kenosis* es un término griego que significa «vaciamiento/limitación», y se encuentra en Filipenses 2:7, donde se dice que Cristo, por medio de su encarnación, «se despojó a Sí mismo, tomando forma de siervo». Los teólogos liberales han argumentado que, como resultado de este «vaciamiento», Jesús quedó limitado al conocimiento humano de su época —como la visión judía del siglo I sobre la inerrancia del Antiguo Testamento—.

Huelga decir que hay razones de peso para no aceptar tal punto de vista (un tipo de teología que busca dos ventajas mutuamente excluyentes); permite aceptar a Jesús sin tener que prestar atención a lo que dice.

En primer lugar, el pasaje de Filipenses no dice nada sobre las limitaciones del conocimiento que posee el Cristo encarnado. El único caso en el que Jesús afirma su desconocimiento tiene que ver con el momento de su segunda venida (Mateo 24:36), y, cuando lo hace, el hecho de que fuera consciente de los límites de su conocimiento mientras estaba en la tierra demuestra que poseía un «metaconocimiento» —conciencia del alcance de su conocimiento encarnado—. Por tanto, podemos estar seguros de que no nos habría engañado pronunciándose sobre algo de lo cual no tenía el conocimiento necesario.

En segundo lugar, si debido a su encarnación Jesús hubiera estado limitado *per se* en su conocimiento, *ni una sola de las cosas que dijo representaría necesariamente la verdad divina; todo lo que dijo podría estar contaminado por los errores humanos de su tiempo.*

En cuanto al Nuevo Testamento, podría imaginarse que Jesús no podía ponerle sello alguno de aprobación, dado que no comenzó a existir antes de que Jesús concluyera su ministerio terrenal. Sin embargo, el caso es otro, gracias a las promesas específicas que hizo a sus apóstoles. En Juan 14 y 16, Jesús dice a sus apóstoles que cuando él regrese al Padre, el Espíritu Santo vendrá sobre ellos, «los guiará a toda la verdad» y «les recordará todo lo que él les ha dicho» (el gran teólogo suizo Oscar Cullmann denominó este don «recuerdo total» y, con el permiso de los carismáticos y quienes quieren convertir a la Iglesia en la «encarnación continua de Cristo en el tiempo», no fue un don para la Iglesia en general, sino un don limitado a quienes estuvieron presentes durante el ministerio terrenal de Jesús, es decir, el grupo apostólico [cf. Hechos 1:21-26]).

Sobre la base de esta promesa del propio Señor, la Iglesia primitiva recopiló los escritos de los apóstoles, junto con los escritos de los colaboradores cercanos de los apóstoles (cuyo trabajo los apóstoles originales pudieron verificar en cuanto a su exactitud teológica y fidelidad al ministerio de Jesús). Fueron estos escritos los que se aceptaron y formaron el Nuevo Testamento canónico.

Pero ¿qué ocurre con los escritos de san Pablo, que constituyen la mayor parte del canon del Nuevo Testamento? La respuesta es sencillamente que, tras su conversión, el grupo apostólico original aceptó a Pablo como lo que él decía ser: uno «nacido fuera de tiempo», un apóstol único y especial para los gentiles. Si Pablo no hubiera estado así cualificado, el don del recuerdo total que poseían los apóstoles originales habría significado justo lo contrario: su rechazo. Una clara evidencia de que esto no ocurrió se observa cuando Pedro declara (2 Pedro 3:15-16) que los escritos de Pablo deben clasificarse debidamente con «el resto de las Escrituras» (*ta grafé*; el Antiguo Testamento).

En resumen, la Biblia se compone de los libros del Antiguo y del Nuevo Testamento, tal como los validó el propio Señor. Por tanto, tan cierto como que la noche sigue al día: «Toda Escritura es inspirada por Dios y útil para enseñar, para reprender, para corregir, para instruir en justicia, a fin de que el hombre de Dios sea perfecto, equipado para toda buena obra» (2 Timoteo 3:16-17).

5

¿Qué hay de la evolución?

Un punto de partida necesario para cualquier discusión sobre la evolución como argumento contra la fe cristiana es la naturaleza de la evolución. Es imposible poner demasiado énfasis en que la evolución es una *teoría* —no es un hecho probado, ni mucho menos una certeza absoluta— (de hecho, como los filósofos analíticos se han esforzado por señalar, ningún hecho empírico ni teoría alcanza el nivel de la certeza absoluta; solo las afirmaciones de la lógica deductiva o las matemáticas puras —o las tautologías [«todos los maridos están casados»]— son absolutamente ciertas, y esto es así porque, debido a su formalidad, incorporan la certeza por definición).

Siendo la creencia evolucionista de naturaleza teórica, se deduce que excluir el diseño inteligente y los argumentos antievolucionistas de las aulas de las escuelas públicas y de las universidades solo puede tener su origen en un dogmatismo de mente cerrada —en una ignorancia invencible—. Irónicamente, las mismas personas que (con razón) condenaron el dogmatismo de los creacionistas que se negaban a permitir la discusión evolucionista en la educación pública cometen ahora el mismo error: negarse a permitir que los estudiantes tomen sus propias decisiones considerando el peso de la evidencia a favor o en contra de las explicaciones evolucionistas de los orígenes humanos.

Hay argumentos muy poderosos contra los puntos de vista darwinistas ortodoxos. Estos son solo algunos:

1. Como se señaló anteriormente, la segunda ley de la termodinámica insiste en que el universo en general está *involucionando*, *no evolucionando*. Por lo tanto, de alguna manera el evolucionista debe justificar la idea de que en este pequeño planeta nuestro ha estado ocurriendo lo contrario: las cosas no han estado reduciéndose biológicamente, sino que en realidad se han vuelto cada vez más complejas.

2. La teoría evolutiva es incapaz de explicar cómo, contra toda la experiencia, las especies se transforman en especies diferentes para mejor (más complejas). El argumento estándar es que, con suficiente tiempo, puede ocurrir cualquier cosa. Sin embargo, el tiempo no es un factor causal; por más tiempo que se deje una pajarera en el jardín, no saldrá un pájaro de ella. Y si, con tiempo suficiente, puede ocurrir cualquier cosa, sin duda esto incluiría el posible colapso de la teoría evolutiva como tal. Alternativamente, el evolucionista apela a las «mutaciones», entendidas como saltos repentinos e inexplicables en el desarrollo biológico. Pero lo que ocurre aquí es magia de palabras y no verdadera explicación. Compárese con lo siguiente. El individuo no instruido pregunta: «¿Por qué las golondrinas regresan cada año a Capistrano prácticamente en la misma época?». El científico responde: «Por instinto». Sin embargo, darle un nombre a algo nunca es lo mismo que explicarlo.

3. Como ha demostrado más de un historiador de las ideas, la aceptación casi universal de la teoría evolutiva se produjo como un fenómeno social en el siglo XIX, cuando el «progreso» se consideraba inevitable. La aceptación del modelo no fue impuesta por la evidencia empírica o experimental, sino que encajó perfectamente en la mentalidad de una civilización occidental caracterizada por el mantra del autosugestionista Émile Coué: «Cada día, en todos los sentidos, me siento cada vez mejor» (en realidad, si repites esto todos los días, no te sentirás necesariamente mejor, pero probablemente quedarás afónico).

4. Como han demostrado Michael Behe y otros, la teoría evolutiva es penosamente inadecuada como modelo biológico general. Al comienzo mismo del desarrollo biológico, nos encontramos con bacterias que, no obstante, manifiestan una complejidad tal que, si se las encontrara en la vida moderna, requerirían explicaciones de ingeniería —diseño inteligente a raudales—. No obstante, al hallarnos en los inicios de la vida biológica, la cantidad de tiempo

es insuficiente para explicar el desarrollo de esa complejidad a nivel bacteriano.

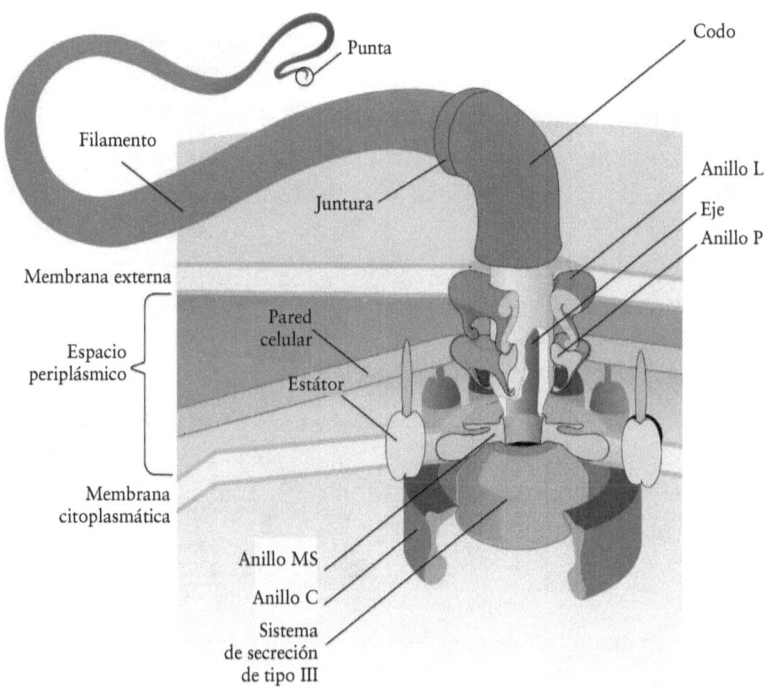

Así que hay razones de peso para no creer en la evolución orgánica. Sin embargo, hay que tener mucho cuidado al abordar este tema apologéticamente. En nuestro mundo secular el modelo evolutivo se acepta casi universalmente, y nuestro objetivo en la apologética es *llevar a la gente a Cristo*, no refutar opiniones falsas o desafortunadas. Por lo tanto, tratemos de pensar en términos de lo que constituiría un mejor enfoque apologético cuando lo que está en cuestión es la evolución.

Si el objetor utiliza la evolución para argumentar que la Biblia no constituye revelación, debemos, por supuesto, señalar que Jesús —Dios Todopoderoso— la consideró reveladora de principio a fin, incluyendo los primeros capítulos de Génesis. Sin embargo, esto nos lleva inmediatamente a la cuestión de cómo debe interpretarse el relato de la creación en Génesis.

Hay tres posibilidades principales: (1) el texto expone una creación literal de seis días; (2) el texto es metafórico; nos dice *que* Dios creó el mundo, pero no *cómo* lo hizo; (3) el texto es literal, excepto en su comprensión de los períodos de tiempo, y el orden de los eventos de la creación, en Génesis, puede correlacionarse con la aparición de especies biológicas a lo largo de extensos intervalos en la historia geológica y biológica.

Ahora bien, si estuviéramos haciendo teología sistemática en su rama dogmática (exponiendo la doctrina más probable derivable de una comprensión histórica y gramatical del texto bíblico), sin duda elegiríamos, como ha hecho la Iglesia cristiana a lo largo de la mayor parte de su historia, la opción 1. Al fin y al cabo, la teología tiene la ventaja de que sus datos ya se encuentran en forma proposicional, mientras que la ciencia no solo debe recopilar datos precisos, sino también elaborar interpretaciones proposicionales precisas de esos datos, lo que puede dar lugar a más errores potenciales.

Pero nótese que lo que estamos haciendo es *apologética*, no dogmática. Nuestro objetivo es llevar al incrédulo a la cruz de Cristo, no insistir en que acepte la mejor solución teológica para cada cuestión controvertida —especialmente cuando es una cuestión de la cual su salvación personal no depende necesariamente—.

Por lo tanto, es legítimo que el apologista diga algo como lo siguiente:

«Entre los cristianos serios que creen en la verdad completa —la inerrancia— de la Biblia, hay diferentes perspectivas sobre la manera de interpretar Génesis. Estas incluyen las tres descritas hace un momento. No digo que las tres tengan el mismo valor. Pero mientras estén representadas por creyentes serios, uno no puede negarse a considerar la verdad del cristianismo sobre la base de una supuesta contradicción absoluta entre la Biblia y la ciencia en el tema de la evolución. Por lo tanto, ¿no podemos dejar de lado la cuestión de la evolución, al menos por ahora, y volver a la cuestión central de Jesucristo, respondiendo a su pregunta: "¿Quién dicen ustedes que soy yo?"?»

El lector se preguntará, por supuesto, cuál es la posición personal de este autor al respecto.

En una ocasión sostuve una conversación telefónica bastante turbulenta con el creacionista Henry Morris, quien me dijo: «¡La mayor cuestión apologética de nuestra época es la refutación de la evolución!». Le contesté: «Vamos, Henry. La mayor cuestión apologética de nuestra época —o de cualquier época— es el argumento en favor de Jesucristo. La antievolución jamás ha salvado a nadie. Solo Jesucristo salva».

La opción 2 me parece la menos atractiva, aunque ha sido sostenida por teólogos tan influyentes como Teilhard de Chardin (católico romano, y por tanto, necesariamente comprometido con la inerrancia de la Biblia por los *Cánones y Decretos del Concilio de Trento*). No veo cómo la evolución podría convertirse en un tema teológico primordial. En la escena biológica, la entropía me parece mucho más fundamental que el progreso —particularmente en la esfera humana—. Nuestro Señor no pareció estar esperando un «punto omega» evolutivo en el clímax de la historia humana. Más bien formuló la pregunta (aparentemente retórica): «Cuando el Hijo del Hombre venga, ¿hallará fe en la tierra?» (Lucas 18:8).

La opción 3 puede ser muy útil con los incrédulos que no están dispuestos a desechar la teoría evolutiva. Después de todo, deja espacio para el desarrollo dentro de las especies, pero no requiere que uno afirme la evolución de una especie a otra —para lo cual, en todo caso, las pruebas evolucionistas son inadecuadas—. Solo requiere un uso no literal de la palabra hebrea «día» (*yom*), y en 2 Pedro 3:8 se nos dice que «para el Señor un día es como mil años, y mil años como un día».

En última instancia, el punto de vista estrictamente literal (opción 1) es totalmente legítimo. De hecho, si Dios hubiera preferido crear todo en seis minutos, yo sería el último en poner objeciones. Pero en una época de aceptación casi universal de las creencias darwinianas y semidarwinianas, ciertamente no voy a intentar ganar discusiones antievolucionistas a costa de perder almas eternas.

Cualquiera sea la interpretación que uno haga del relato de la creación de Génesis, es imperativo no poner en peligro la enseñanza bíblica central de que la primera criatura humana *pecó*, llevando así a la raza humana a una condición en la que «todos pecaron y no alcanzan la gloria de Dios» (Romanos 3:23). Si los brazos de ese primer ser humano eran —o no— tan largos que le permitían rascarse los pies sin agacharse, no creo que tenga importancia. Pero tuvo que ser alguien capaz de comunicarse con su Creador y debió ser alguien que se negó a hacer la voluntad revelada de Dios. De lo contrario, el evangelio mismo está en peligro: si no hay un Primer Adán, la existencia de un Segundo Adán carece de importancia (Romanos 5).

Finalmente, nótese bien que, si logramos traer a un incrédulo a la cruz de Cristo para que entre en una relación salvadora con él, el Espíritu Santo seguramente entrará en el corazón de ese individuo y la persona comenzará a mirar la Biblia a través de los ojos de Cristo. Esto le dará la motivación más poderosa para considerar Génesis tan seriamente como Jesús, una motivación mucho más convincente que tu esfuerzo (o el mío) por convencer a una persona aún no creyente de que la mayor parte de la ciencia biológica contemporánea está muy equivocada. ¿No sería mejor para la mayoría de nosotros —que carecemos de doctorados en geología y/o biología— tomar la discusión apologética y trasladarla de la evolución al argumento histórico de Jesucristo, de quien, al fin y al cabo, depende directamente la salvación eterna?

Cuestiones sexuales:
¿No es anticuado el cristianismo?

¡Vaya! ¡sexo! ¿Quién dijo que la apologética no es entretenida?

Sin embargo, no es muy alegre la afirmación tan oída de que el cristianismo no puede ser verdadero si se opone a las uniones entre personas del mismo sexo.

Una cosa es clara: la Biblia *sí* se opone a la actividad homosexual. Esto es cierto no solo en el Antiguo Testamento, sino también en el Nuevo, de manera incluso más explícita. Romanos 1 establece un paralelo entre dicha actividad y la idolatría: es el equivalente humano horizontal (en ambos sentidos) de erigir verticalmente un dios falso frente al verdadero Dios del cielo.

Dicho eso, debemos reconocer la diferencia entre la *práctica* de la homosexualidad y una *predilección* homosexual. La primera es un pecado contra la naturaleza y el Dios de la naturaleza; la segunda es una tentación. Como bien dijo Lutero sobre la tentación: «No puedes evitar que los pájaros vuelen sobre tu cabeza, pero sí puedes evitar que hagan nidos sobre tu cabello». La persona que tiene tendencias homosexuales tiene la responsabilidad moral de no ceder ante ellas.

Pero, como suelen argumentar los defensores de la neutralidad moral de la homosexualidad, ¿qué ocurre si las tendencias homosexuales son genéticas? Aunque así fuera (y tal cosa no se ha demostrado en absoluto), difícilmente eso haría que dicha actividad fuera moralmente legítima. El filósofo G. E. Moore, en su clásico *Principia Ethica*, identificó la «falacia naturalista» como la idea de que se puede pasar automáticamente del *es* (lo descriptivo) al *debería* (lo normativo). Este error de lógica también se ha denominado la «falacia del sociólogo», por el hecho de que muchos sociólogos lo cometen. Así, el Informe Kinsey dio a entender que, con toda la actividad extramatrimonial que había, divertirse fuera del matrimonio no tenía nada de malo. Basta con reflexionar sobre el hecho de que la preponderancia general del fraude en la declaración de la renta no justifica la práctica ni la hace menos perseguible.

Se dice que el indígena americano tiene una propensión genética a la embriaguez. Sea o no el caso (y este autor no se pronunciará al respecto), eso difícilmente haría que la embriaguez fuera moralmente correcta para el indígena, y seguramente no sería una defensa legal contra la conducción en estado de ebriedad o el homicidio resultante de conducir un vehículo bajo los efectos del alcohol.

En resumen, aunque la homosexualidad fuera genética, eso no le proporcionaría justificación moral alguna.

¿Cuál es, entonces, la mejor manera de abordar esta cuestión dentro de la tarea apologética? En primer lugar, debemos reconocer que la práctica homosexual no es distinta de cualquier otro pecado. Las Escrituras nos informan que «cualquiera que guarda toda la ley, pero falla en un punto, se ha hecho culpable de todos» (Santiago 2:10). Ciertamente, no nos negamos a testificar ante el mentiroso, el adúltero o el ladrón de bancos; por lo tanto, no tenemos motivos para evitar al homosexual o tratarlo como si esa ofensa fuera el pecado imperdonable (en las Escrituras, el pecado imperdonable es el pecado contra el Espíritu Santo, es decir, negarse a aceptar el sacrificio expiatorio de Cristo por el pecado hasta el punto de la muerte —renunciando así al gratuito don divino de la salvación—).

En segundo lugar, debemos tomarnos el tiempo y la molestia de leer la literatura concerniente a la homosexualidad para poder señalar inteligentemente sus consecuencias sociales —los males que inevitablemente caerán sobre una cultura adicta a tales prácticas—. Muchos de estos argumentos son religiosamente «neutros», lo que los convierte en herramientas eficaces para dialogar con los no cristianos aun antes de que consideren seriamente el derecho de Cristo sobre sus vidas.

En tercer lugar —y sin duda lo más importante—, no debemos confundir la ley y el evangelio esperando primero que la persona incrédula limpie su vida antes de que el evangelio signifique algo para ella. Por supuesto, uno debe reconocer y arrepentirse del pecado para venir a Cristo en busca de perdón. Pero esto no significa que un prerrequisito para la salvación de uno sea limpiar totalmente su vida por sus propios esfuerzos. Lutero dijo: «No puedo creer en Jesucristo mi Señor o venir a él por mi propia razón o fuerza, sino que el Espíritu Santo me ha llamado por medio del evangelio, me ha iluminado con sus dones, me ha hecho santo y me ha mantenido en la verdadera fe».

Es muy posible que —como en el caso de las desafortunadas creencias evolucionistas tratadas en el capítulo anterior— el incrédulo en plena homosexualidad no sea capaz de lidiar eficazmente con esta esfera de su vida a menos que —y antes de que— su vida sea transformada por la conversión. «Si alguno está en Cristo, nueva criatura es; las cosas viejas pasaron, ahora han sido hechas nuevas» (2 Corintios 5:17).

7

¿Cómo puede existir Dios en un mundo de miseria?

Sin duda, nuestro cosmos es turbulento. Pese a las pruebas fehacientes de que es producto de un diseño inteligente, en algún momento se produjo un desajuste.

Más particularmente, nuestro mundo presenta horrores como enfermedades y muertes aparentemente irracionales, además de la espantosa inhumanidad entre los seres humanos, como en los campos de exterminio de la Segunda Guerra Mundial.

Ateos como Richard Dawkins presentan estos hechos como refutaciones decisivas de la existencia de un Dios bueno y todopoderoso. ¿Qué se puede decir ante tal argumento?

En primer lugar, debe observarse que este argumento no apoya realmente el ateísmo, ya que incluso con los males presentes en el mundo podría seguir existiendo un dios; por ejemplo, el dios finito del filósofo Edgar S. Brightman (un dios que hace todo lo que puede para combatir el mal, pero no es omnipotente), o un dios creador (como el de Aristóteles) que es moralmente indiferente a la miseria humana. Tales dioses, obviamente, tienen pocos adeptos; con dioses así, la mayoría de la gente no se molestaría en practicar la religión.

El argumento basado en el mal, por tanto, es en realidad un argumento contra el Dios de la Biblia, que es *tanto* omnipotente *como* omnibondadoso; es un argumento contra el Dios cristiano. Siendo así, el incrédulo acepta ciertos hechos sobre el Dios bíblico (bondad, omnipotencia) y luego afirma que el turbulento estado de las cosas en este mundo desmiente la existencia de tal deidad.

Por lo tanto, nuestra respuesta inicial es exigirle al ateo que, en lugar de caracterizar a Dios utilizando una visión muy limitada de su carácter, observe la imagen bíblica completa de él. Después de todo, ¿no es acaso justo tomar a alguien como realmente es, en lugar de evaluarlo desde una perspectiva limitada? ¿No merece Dios esa mínima cortesía?

La Biblia declara que Dios no creó el mal; el mal es producto del mal uso que sus criaturas hacen de su libre albedrío. Nótese que el libre albedrío es una *volición no causada*: no se puede decir que Dios (o cualquier otra cosa) «haga» que el libre albedrío se ejerza de una manera determinada. Y el mal no es una sustancia que Dios haya creado (como un montón de artilugios): el mal (en singular) se refiere a la ruptura de la relación con Dios que se produce cuando la criatura desafía al Creador. El producto de ese mal son, sin duda, los males (en plural), que son miserias reales (robos, asesinatos y cosas así). Los males naturales, aun cuando no son producto de la incompetencia o el egoísmo humanos (como la destrucción del medio ambiente), siguen siendo consecuencia del pecado, tal como el pecado de nuestros primeros padres provocó los dolores del parto y el agotamiento que acompaña la supervivencia económica (Génesis 3:16-19). Esto no debería parecernos extraño, dada nuestra familiaridad con lo psicosomático: la mente influye directamente en la salud del cuerpo, de modo que ¿por qué las peores decisiones humanas (un desafío a la voluntad del Creador) no habrían de producir los peores resultados físicos y naturales?

Sin embargo, indudablemente el no cristiano replicará que, aun si Dios no *creó* el mal, ciertamente lo *permite*. Como Creador omnipotente, ¿por qué simplemente no impidió que sus criaturas tomaran malas decisiones, o no anuló los efectos de tales decisiones?

La respuesta, en primer lugar, es que hacerlo habría sido eliminar el libre albedrío (ya sea creando un mundo solamente bueno o eliminando la posibilidad de tomar malas decisiones). Una y otra vez, la Biblia nos dice que Dios es amor (1 Juan 4:8, etc.), y el libre albedrío está correlacionado con el amor. El padre que no da libertad de decisión a su hijo usando el argumento engañoso de que así evitará que se meta en problemas, lo destruirá. El amor llevó a que Dios creara no robots, sino criaturas que pudieran relacionarse con él y recibir su amor. Sin embargo, eso implicaba la posibilidad de rechazo, como todo padre humano comprende: su hijo puede desoír aun el mejor consejo aunque el resultado pueda acarrear su destrucción. Las criaturas de Dios podían negarse (y de hecho se negaron) a seguir su bondadosa voluntad, y las consecuencias, tanto entonces como ahora, han sido horribles.

Sin embargo, ¿no podría un Dios bueno haber eliminado al menos los resultados negativos de las malas decisiones de sus criaturas? Difícilmente, pues las decisiones morales sin consecuencias pierden toda su fuerza moral. Si le digo a mi nieta de cinco años que no esparza ceniza de cigarrillo sobre la alfombra persa, y luego, cada vez que lo intenta, empleo una sofisticada tecnología para atrapar todas las cenizas de modo que nunca manchen la alfombra, habré reducido una cuestión moral a un juego en el que ella intentará reiteradamente manchar la alfombra solo para comprobar el alcance de mi pericia tecnológica.

Supongamos, no obstante, que el no cristiano —reducido ahora a un razonamiento cuantitativo en vez de cualitativo, y por tanto, contra las cuerdas filosóficas— alega que, sin duda, Dios podría al menos haber *reducido* el alcance de las consecuencias de las malas decisiones de sus criaturas: que existiera el resfrío común, pero no el cáncer; las peleas a puñetazos, pero no las guerras mundiales.

Aquí, la Escritura es clara. Si no fuera por el amor y la gracia de Dios, toda nuestra turbulenta creación se habría extinguido (Colosenses 1:17). A lo largo de la historia, Dios ha enviado profetas y mensajeros que han informado inequívocamente la voluntad de él a una raza caída; en última instancia, envió incluso a su propio Hijo. El resultado fue que sus criaturas persiguieron a los profetas y crucificaron a su Hijo. Dios ha hecho de todo para limitar la miseria humana, aun cuando la miseria no fue obra suya. Esto hace pensar en la huelga de los recolectores de basura de Nueva York, hace unos años: ¿qué pensaríamos si uno de los que producían la basura le hubiera gritado al recolector que intentaba limpiarla: «¿Por qué no haces mejor tu trabajo?».

Y se nos dice que, al final de los tiempos, el Hijo de Dios volverá para juzgar al mundo y crear un cielo nuevo y una tierra nueva, donde toda lágrima será enjugada de nuestros ojos (Apocalipsis 21).

La única respuesta razonable por parte del incrédulo que llega a ver todo el conjunto de acciones amorosas de Dios en y para un mundo caído debería ser todo lo opuesto a la crítica. Tal como llegó a reconocer Job —una víctima clásica de los males demoníacos en un mundo caído— en el Antiguo Testamento, nuestro debido papel no es criticar al Dios del poder y la gracia infinitos, sino aceptar, admitiendo humildemente nuestra contribución al desastre humano, la salvación que él nos ofrece gratuitamente.

El infierno: ¿Solo en la Tierra?
El cielo: ¿Castillos en el aire?

La realidad del infierno no es algo que requiera pruebas sofisticadas. Cuando estudiaba en la Universidad Cornell, poco después de la Segunda Guerra Mundial, algunos militares que regresaron me dijeron: «Después de lo que he visto, lo que me cuesta es creer en Dios; no me cuesta nada creer en el diablo». Tan solo los horrores de los campos de exterminio nazis han proporcionado atisbos de experiencias infernales casi indescriptibles.

La cuestión, por tanto, es si el mal radical existe a nivel cósmico —no solo en la Tierra— y si puede persistir eternamente.

La Biblia es inequívoca al respecto, y el Nuevo Testamento (a menudo presentado por los liberales religiosos como la parte «suave y liviana» de las Escrituras) es mucho más explícito que el Antiguo sobre ese tema. Jesús habla una y otra vez del infierno: el hombre rico que, en su egocentrismo, despreció a los pobres, se encuentra en las regiones inferiores, donde se le dice que no se puede pasar del cielo al infierno porque entre ambos se ha puesto un gran abismo (Lucas 16:19-31). En Marcos 9:44-48, Jesús afirma la naturaleza eterna de ese castigo indicando que «el gusano de ellos no muere, y el fuego no se apaga».

¿No muestra esta enseñanza una inmoralidad fundamental en el corazón de la creencia cristiana? No, por las siguientes razones:

1. Las cosmovisiones tienen consecuencias, y las peores tienen las peores consecuencias. El individuo que cree que puede autosalvarse

es, en el fondo, un egoísta, creyente en el dios único representado por el yo. Esa negación del mayor de todos los dones —la muerte de Cristo en la cruz por nuestros pecados— justifica la peor de las consecuencias posibles.

2. Dios no envía a nadie al infierno. La gente llega allí por sus propias decisiones personales. Lutero declaró con razón que «la humanidad caída tiene suficiente libre albedrío para ir al infierno». C. S. Lewis ofrece una sorprendente parábola que ilustra esta verdad. El tren al infierno llega a la estación infernal. Los pasajeros ya discuten entre sí: «Somos mejores que aquellos; soy mejor que *x* o *y*». De modo que los grupos deciden fundar sus propias ciudades, rechazando el contacto con otros que dicen lo mismo. Pero estas ciudades pronto se desintegran porque sus habitantes se consideran superiores a sus semejantes. A medida que uno se aleja de la estación de trenes, el paisaje del infierno se hace menos denso hasta que en el horizonte solo quedan chozas individuales, cada una habitada por un solo individuo, que murmura: «Bueno, *yo* les enseñé; *les enseñé*». En otras palabras, el infierno es producto de la negativa pecaminosa a admitir el egocentrismo propio y el rechazo de la única solución para ello —ofrecida por un Dios misericordioso, sin coste alguno excepto el coste de la cruz, pagado por él—.

3. Pero ¿qué pasa con quienes no han oído el evangelio? ¿Están condenados por circunstancias accidentales de nacimiento o geografía? Las Escrituras no responden específicamente a esta pregunta, pero se nos dice que Dios «quiere que todos los hombres sean salvos y vengan al pleno conocimiento de la verdad» (1 Timoteo 2:4). Indudablemente esto significa que nadie se perderá la salvación injustamente. Una cosa es perfectamente clara: una raza caída nunca podrá salvarse por sus buenas obras o por el esfuerzo humano; solo una relación con Jesucristo, el Salvador, es el camino al cielo (Juan 14:6; Hechos 4:12). Tal vez aquellos que, al momento de morir, y no por culpa propia, no han escuchado el evangelio —o que, por circunstancias perjudiciales, nunca han podido considerar seriamente el evangelio—, serán confrontados por Cristo, y podrán, en el filo de la navaja entre el tiempo y la eternidad, aceptarlo o rechazarlo.

Observa, sin embargo, que la persona no creyente frente a la cual estás presentando y defendiendo la verdad cristiana ¡difícilmente está en esa categoría! La Escritura es clara al decir que aquellos que, de manera consciente y con pleno entendimiento (*scienter*, como dicen los abogados) rechazan el don de la vida eterna de Cristo, solo pueden culparse a sí mismos de las horribles consecuencias de su rechazo.

¿Y el cielo? ¿No es irracional la idea en sí?

Incrédulos como el humanista Corliss Lamont han ridiculizado la idea, alegando que personas de diferentes épocas de la historia humana, hablando diferentes idiomas, difícilmente podrían disfrutar de compañerismo en una tierra celestial de nunca jamás. Y ¿cómo se reunirían las familias —los hijos tendrían que seguir siendo hijos para satisfacer la relación de sus padres con ellos—, y cómo se reunirían las parejas —no habiendo matrimonio en el cielo—, y cómo podría un Dios tener una relación de amor con un número tan vasto de almas, etc.?

Los matemáticos insisten en que, si uno ha de hacer geometría no euclidiana, no debe esperar emplear los axiomas de la geometría euclidiana cotidiana. El cielo es, como mínimo, otra dimensión (y quizás más). Los escritores de ciencia ficción no tienen ningún problema en concebir mundos muy distintos del nuestro.

Los computadores de la época actual alcanzan resultados intelectuales tan superiores a la imaginación de las generaciones anteriores (p. ej., el cálculo del valor de pi hasta 1013 —más de 12 mil billones de— dígitos) que, antes de la aparición del computador moderno, habrían sido considerados totalmente imposibles.

Un Dios infinito es indudablemente capaz de resolver las paradojas de la eternidad. Así que es posible que en el cielo percibamos siempre a los demás en términos que tengan sentido para el perceptor y permitan la máxima comunicación. Un cielo multidimensional difícilmente puede ser descartado por el secularista que no tiene problemas con la antimateria y los agujeros negros.

Jesús nos da pocos detalles sobre el reino celestial. En una ocasión, dice: «En la casa de Mi Padre hay muchas moradas; *si no fuera así, se lo hubiera dicho*» (Juan 14:2). Esa frase pareciera implicar que solo deberíamos suponer que algo bueno no está en el cielo si Jesús nos lo dijera. Como dijo C. S. Lewis, nada bueno se pierde jamás: el interior de Narnia es infinitamente más grande de lo que uno podría haber imaginado antes de entrar en el armario. ¿Está nuestro gatito querido en el cielo? ¿Por qué no?

Pero la esencia del cielo es que es la esfera de Dios y, por tanto, es una esfera de amor perfecto. El infierno es todo lo contrario. El incrédulo debe entender esto y determinar en qué ambiente preferiría pasar la eternidad.

TERCERA PARTE

La hora de decidir

1

¿Por qué no otras cosmovisiones?

El cristianismo está lejos de ser la única opción religiosa o filosófica disponible para el buscador. A menudo se dice que «En la montaña de la salvación, muchos caminos llevan a la cima; lo que realmente importa es la sinceridad». ¿Por qué, entonces, elegir el cristianismo y no una de las numerosas afirmaciones rivales?

La respuesta es sencilla: las alternativas son nada más que afirmaciones. Las afirmaciones necesitan el respaldo de *evidencias y prue*bas, especialmente cuando está en juego la eternidad.

Tomemos como ejemplo las soluciones filosóficas y metafísicas al dilema humano. Se ha observado que, a diferencia de las ciencias, donde una cosmovisión menos adecuada (p. ej., el modelo ptolemaico) acaba siendo sustituida por una cosmología más adecuada (el sistema newtoniano) a consecuencia de la evidencia experimental y de un mayor poder explicativo, en la filosofía todas las ofertas metafísicas anteriores siguen sobre la mesa (platonismo, aristotelismo, idealismo hegeliano, existencialismo contemporáneo, etc.). ¿Por qué? Porque estas cosmovisiones *carecen de comprobabilidad*. Pueden ser verdaderas o falsas, pero ¿quién lo puede determinar?

O consideremos las opciones religiosas. El taoísmo declaró que el tao (indefinido) es el significado de todas las cosas. De su fundador, Lao-Tse, no sabemos más que lo expuesto en un esbozo biográfico de 248 palabras escrito unos quinientos años después de su muerte. Las escrituras taoístas (el Tao Te Ching) contienen trivialidades moralistas como «No apuntes a un arco iris».

El hinduismo sostiene que cualquier zambullida en el río Ganges lava todos los pecados anteriores. En fiestas como el Kumbh Mela de Allahabad, las abluciones en el Ganges garantizan que, al morir, uno pueda escapar de la interminable ronda de reencarnaciones y entrar en la dicha de la unión con lo absoluto. El hinduismo nunca se ha opuesto al sistema de castas; Gandhi dijo que solo su contacto con el cristianismo lo hizo ver sus graves males sociales.

El budismo se originó con Gautama, y lo que sabemos de él es prácticamente cero; los dichos que se le atribuyen figuran en documentos escritos dos siglos después de su muerte. El budismo supone que la salvación en este mundo y en el siguiente proviene de la negación de todo deseo (no solo el deseo de lo moralmente incorrecto). La ausencia de una ética significativa llevó a los budistas a convertirse en pilotos kamikaze durante la Segunda Guerra Mundial y, de forma significativa, al rechazo de la vía budista por parte de occidentales como el novelista Arthur Koestler. En 1995, el hijo de dos años de un campesino fue proclamado la decimocuarta reencarnación del Buda viviente tibetano; la decisión se basó en el hallazgo de su nombre en una de las masas de harina de cebada elegidas mediante un proceso de eliminación en el altar de un santuario local.

En el Islam, se nos dice que «No hay más dios que Alá, y Mahoma es su profeta». No existe prueba alguna que respalde esta afirmación: Mahoma no realizó ningún milagro verificable que apoyara sus afirmaciones. En la tradición musulmana, efectivamente hizo su milagroso «viaje nocturno» sobre un caballo celestial, pero, lamentablemente, eso ocurrió sin testigos (uno piensa inmediatamente en esos fantasmas que nunca están presentes cuando los investigadores psíquicos acuden a la casa encantada para observarlos).

Desafiando los testimonios de fuentes primarias sobre la vida y el ministerio de Jesús recogidos en el Nuevo Testamento, el Corán declara, en el siglo VIII d. C., que él jamás murió en la cruz, que no era el Hijo de Dios, y que, aunque fue profeta, no alcanzó el nivel del profeta supremo y final, Mahoma.

Si yo afirmara hoy, quinientos años después del descubrimiento de América (con el permiso de los vikingos), que quien descubrió el continente no fue Cristóbal Colón sino su tío Alfonso, ¿dedicaría algún reputado historiador siquiera diez minutos de su tiempo a refutar esta afirmación, dada la ausencia de pruebas que la apoyen?

Es fácil atribuir revelación divina a los escritos propios (yo mismo he pensado en esta posibilidad; ¡piensa en cómo aumentarían los derechos de autor!). Sin embargo, afirmar no equivale a probar.

Además, está el hecho aleccionador de que prácticamente todo el terrorismo contemporáneo ocurre en un contexto islámico y es defendido por seguidores fanáticos del Profeta. A diferencia de lo que los críticos del cristianismo mencionan como males sociales «cristianos», como la Inquisición, donde en realidad la actividad ha sido llevada a cabo por «adeptos externos» —desafiando las normas morales de Jesús, el fundador de la religión—, las atrocidades islámicas son totalmente coherentes con la violencia de la vida y las enseñanzas de Mahoma y la historia guerrera de esa religión.

O pensemos en las sectas y los cultos.

Las afirmaciones del mormonismo se basan en el carácter supuestamente revelador de los escritos sagrados mormones: el Libro de Mormón, la Perla de gran precio, etc. El Libro de Mormón atribuye a los pueblos indígenas norteamericanos un origen del Cercano Oriente; esto ha sido completamente desacreditado por las pruebas de ADN, que revelan orígenes asiáticos para los nativos norteamericanos. La Perla de gran precio contiene el llamado Libro de Abraham, que el fundador del mormonismo, Joseph Smith, afirmó haber traducido a partir de envolturas de momias egipcias. En realidad, lo que «tradujo» no tenía nada que ver con Abraham; era una copia en escritura hierática del Papiro Sensen, similar al Libro de los muertos egipcio. ¡Smith incluso identificó erróneamente una ilustración del dios Osiris como la imagen de Abraham sobre el trono del Faraón!

O pensemos en la cienciología —donde L. Ron Hubbard transmuta la ciencia ficción en religión—. Su mitología totalmente incomprobable enseña que Xenu, un príncipe malvado que reina sobre el universo galáctico, transportó seres a la Tierra para resolver un problema de sobrepoblación; sus almas («thetanes») explican la condición humana actual y sus múltiples problemas. Tenemos que convertirnos en «thetanes operantes» eliminando los «thetanes corporales» problemáticos y nuestros «engramas», es decir, nuestras características personales negativas a menudo adquiridas en vidas anteriores. ¿Cómo se consigue esto? A través de sesiones de «auditación» cienciológica, que implican un asesoramiento cada vez más caro utilizando el «E-Metro», una especie de detector de mentiras electrónico. Los thetanes operantes pueden, entre otras cosas, controlar a las personas con sus pensamientos e incluso comunicarse con animales y plantas. Pese a la adhesión del ídolo cinematográfico Tom Cruise a la cienciología, es difícil tomarse estas creencias en serio (¿y por qué deberían impresionarnos las creencias de Tom Cruise? ¿No fue Paul Newman un mucho mejor actor?).

Ahora bien, *¿qué tienen en común todas estas cosmovisiones* (y nótese que son meramente representativas de toda la gama de ideologías no cristianas)? El factor común es *su absoluta imposibilidad de comprobación.* No hay manera de confirmar o rebatir sus enseñanzas centrales. Citando el comentario del físico Wolfgang Pauli en el margen del trabajo de un colega: «Esto no está bien; ni siquiera está mal».

Sin duda, frente a la sólida evidencia histórica de la Deidad de Jesucristo, resucitado de entre los muertos, no hay mayor error posible que aceptar lo inverificable en vez de lo factual. El camino al cielo es ofrecido por Cristo mismo como ruta a la realidad, en diametral contraste con los caminos a la tierra de nunca jamás.

2

¿Pruebas extraordinarias para afirmaciones extraordinarias?

Uno de los argumentos actuales más influyentes contra la eficacia de las afirmaciones religiosas basadas en pruebas históricas está representado por el adagio del fallecido Carl Sagan: «Las afirmaciones extraordinarias requieren pruebas extraordinarias». ¿No justifica esta declaración rechazar de plano todas las afirmaciones milagrosas —y en particular la resurrección de Cristo—? Puesto que un milagro es sumamente «extraordinario», ¿no tendrían que ser también sumamente extraordinarias las pruebas necesarias para demostrarlo?

En una palabra, ¡no! ¿Por qué? En consonancia con lo que hemos señalado anteriormente, el cliché de Sagan solo tendría sentido si uno conociera el tejido del universo —sus leyes cósmicas y, por lo tanto, lo que puede y no puede suceder—. Pero, en términos relativistas einsteinianos, nadie tiene ese conocimiento, por lo que nadie puede determinar racionalmente las probabilidades de que un acontecimiento dado suceda o no. Solo la investigación de los hechos permite concluir que el suceso x ocurrió o el acontecimiento y no ocurrió.

Además, el aspecto crucial de los milagros no es la explicación de *cómo* se producen, centrándose en el mecanismo extraordinario del acontecimiento singular, sino la simple cuestión factual de *si el acontecimiento se produjo realmente o no*. Como se argumenta en una clásica defensa de la resurrección, *Tryal of the Witnesses of the Resurrection of Jesus*, escrita por Thomas Sherlock en el siglo XVIII: «Un hombre que se levanta de la tumba es objeto de los sentidos, y puede dar evidencias de estar vivo tal como las puede dar cualquier otro hombre del mundo. De este modo, una resurrección, considerada meramente como un hecho que debe demostrarse con pruebas, es un caso sencillo; no requiere de los testigos una habilidad mayor que la de ser capaces de distinguir entre alguien muerto y alguien vivo; un punto, creo, en el que toda persona viva se considera digna de juzgar». De no ser así, ¡estaríamos enterrando a las personas equivocadas!

En nuestra experiencia ordinaria, uno está *vivo* en el punto A y *muerto* en el punto B; en el caso de la resurrección, uno está *muerto* en el punto A y *vivo* en el punto B. Los eventos ocurren en orden inverso, *pero se usa exactamente el mismo método para determinar si han ocurrido o no*. No hay nada extraordinario en ofrecer a alguien un bocadillo para comer, y si lo consume, está claro que no es un cadáver (aunque la persona podría ser el enterrador). La evidencia médica afirma decisivamente que Jesús murió en la cruz; posteriormente, en el camino de Emaús, la mañana de Pascua, Jesús comió pan con sus discípulos (Lucas 24:13-35).

Como siempre, los hechos triunfan sobre la especulación filosófica, desmintiendo la distinción entre lo supuestamente «posible porque es habitual» y lo «imposible porque es extraordinario».

Un empujón desde dentro

Todos los capítulos anteriores de este manual se han centrado en las pruebas objetivas, el tipo de datos que una persona «de mente estricta» tiene todo el derecho a exigir cuando se enfrenta a una elección de puntos de vista, sean religiosos o de otro tipo. Sin embargo, ni siquiera Sherlock Holmes se caracterizó a sí mismo con exactitud cuando dijo: «Soy un cerebro, Watson. El resto de mí es un mero apéndice».

Todos somos mente y corazón a la vez. Y quienes han ahondado en el funcionamiento interno del yo —psicoanalistas como Carl Gustav Jung, sociólogos religiosos como Mircea Eliade, folcloristas como Stith Thompson y literatos como J. R. R. Tolkien— han llegado a la misma conclusión de que, independientemente de los préstamos culturales, los humanos poseen motivos arquetípicos que nos dicen mucho sobre las necesidades internas universales. De este modo, la vida onírica y los cuentos populares de la humanidad apuntan a la constatación de que estamos rotos y distanciados, y que, de alguna manera, como Humpty Dumpty, necesitamos ser recompuestos.

El cuento popular de La bella durmiente es un ejemplo. Una bruja malvada, al persuadir a una princesa de que coma una fruta prohibida, la hace caer en un trance similar a la muerte, sometiendo a todos los que la rodean a un destino similar. Pero se cumple una profecía: un príncipe la descubre y le da el beso de amor. Ella se recupera, se casa con él y vive feliz para siempre.

Utilizando la terminología de Jung, el amor logra una «conjunción de opuestos», restaurando la totalidad. El cuento popular —como gran parte de la mitología clásica— es un pálido reflejo de la historia del evangelio. La bruja malvada representa al diablo; la princesa es la raza humana muerta en delitos y pecados; el príncipe es Jesucristo, que con su acto de amor salva a una humanidad totalmente incapaz de salvarse a sí misma; y el desenlace de la historia es la cena de las Bodas del Cordero y el Reino eterno.

Si esto tiene sentido para el lector —y cómo podría no ser así, siendo nosotros de «mente sensible» y de «mente estricta»—, ¿no se nos proporciona así otro incentivo para recibir el evangelio de la gracia?

Pero, como agnóstico, ¿no puedo postergar la decisión por un tiempo?

Hay que admitir que este manual ha presentado argumentos de peso en favor de la aceptación del mensaje cristiano. Sin embargo, sigue siendo solamente un argumento *probabilístico*, que no llega al nivel de la certeza absoluta. ¿No es, entonces, el agnosticismo la mejor alternativa?

En primer lugar, como hemos indicado, *ningún* argumento factual supera el nivel de la probabilidad. Es cierto que las cuestiones religiosas son, por definición, cuestiones factuales: si acaso hay un Dios, si Cristo es quien dice ser, si debemos ser salvos, si hay un cielo y un infierno... todas estas son cuestiones de naturaleza factual. Un punto de vista religioso puramente formal no se vería afectado por consideraciones de probabilidad, sino que *carecería de contenido* por completo, y ¿de qué serviría una eternidad carente de contenido?

En segundo lugar, debemos reconocer que nuestra vida cotidiana consiste en tomar decisiones basadas en hechos. *Todas* esas decisiones se basan en la probabilidad, no en la certeza. La habitación en la que te sentaste para leer este libro es producto de fórmulas de ingeniería de cálculo de tensiones, y hay una alta probabilidad —no una certeza— de que el techo aguante hasta que llegues al final del libro.

No tenemos la certeza absoluta de que no nos atropellarán al cruzar la calle: recuerda los dibujos animados del Correcaminos y la velocidad de un automóvil deportivo Porsche. Sin embargo, pocos de nosotros, antes de cruzar la calle, dejamos en el bordillo de la acera aquella parte de nosotros (¿un brazo? ¿una pierna?) equivalente a la diferencia entre la certeza y la probabilidad de tener éxito. Cuando el 100 % de nuestra persona cruza la calle, la diferencia entre la probabilidad y la certeza de llegar a salvo es una cuestión de *fe*; no de una fe ciega, sino de una fe basada en una probabilidad razonable. Esto es todo lo que la fe cristiana espera de la persona que busca la verdad religiosa. «Creo; ayúdame en mi incredulidad» (Marcos 9:24).

Vivimos basándonos en decisiones probabilísticas. Por lo tanto, si nos negamos a hacerlo en el ámbito religioso, estamos —sin justificación alguna— relegando arbitrariamente ese ámbito a las tinieblas exteriores. Tal acto sugeriría una especie de negación moral a enfrentar las consecuencias de tomar una decisión madura: ¿Miedo a Dios? ¿Miedo a dejar de ser nuestra propia deidad?

Por último, nótese que el agnosticismo sigue implicando al menos una decisión: *la decisión de no decidir*. De modo que la verdadera pregunta es esta: ¿Justifica la evidencia —o la falta de evidencia— esa decisión?

Indudablemente, si algo ha demostrado este manual es que los argumentos a favor del cristianismo histórico y bíblico son tan poderosos, y los argumentos contrarios son tan débiles, que si alguna vez se justifica tomar una decisión religiosa, se actúa con eminente racionalidad al aceptar a Jesucristo, y se toma la peor decisión posible si no se hace así o si se pospone esa decisión.

La vida es corta e impredecible, y la eternidad es muy larga y muy predecible.

«Y esta es la promesa que [Cristo] mismo nos hizo: la vida eterna» (1 Juan 2:24-25). «Ni la muerte, ni la vida, ni ángeles, ni principados, ni lo presente, ni lo por venir, ni los poderes, ni lo alto, ni lo profundo, ni ninguna otra cosa creada nos podrá separar del amor de Dios que es en Cristo Jesús Señor nuestro» (Romanos 8:38-39).

Leer no hace daño
Recursos recomendados

Este Manual *se ha redactado a propósito sin notas a pie de página ni documentación, a diferencia de otras muchas publicaciones del autor.* Su editorial principal en los Estados Unidos es 1517 Publishing (1517.org). La siguiente es una lista de algunos libros para el estudiante serio que quiera profundizar en el campo de la apologética.

C. S. Lewis, *The Problem of Pain* (New York: Macmillan, 1975) [Disponible en español como *El problema del dolor* (New York: HarperCollins, 2006); N. del T.].

Chad V. Meister y K. A. Sweis, *Christian Apologetics: An Anthology of Primary Sources* (Grand Rapids, MI: Zondervan, 2012).

John Warwick Montgomery, ed., *Evidence for Faith: Deciding the God Question* (Plano, TX: Probe, 1991).

John Warwick Montgomery, *Faith Founded on Fact* (Nashville, TN: Thomas Nelson, 1978).

___ , *Giant in Chains* (Milton Keynes, England: Nelson Word, 1994).

___ , *God's Inerrant Word* (Edmonton, Alberta: Canadian Institute for Law, Theology and Public Policy, 1974).

___ , *History, Law and Christianity* (Irvine, CA: NRP Books, 2015) [Disponible en español como *Una defensa histórica y jurídica del cristianismo* (Irvine, CA: 1517 Publicaciones, 2024); N. del T.].

___ , *Human Rights and Human Dignity* (Edmonton, Alberta: Canadian Institute for Law, Theology and Public Policy, 1995).

___, *Jurisprudence: A Book of Readings* (Strasbourg, France: International Scholarly Publishers, 1974).

___ , *Myth, Allegory and Gospel* (Minneapolis, MN: Bethany, 1974).

___ , *Tractatus Logico-Theologicus* (5ª ed. Bonn: Verlag für Kultur und Wissenschaft, 2013).

Wilbur M. Smith, *Therefore Stand* (Boston: W. A. Wilde, 1945).

¿Cuánta evidencia se necesita para justificar una conversión religiosa?

Algunas reflexiones sobre la carga y el nivel de la prueba en relación con el compromiso cristiano

Una respuesta sencilla a la pregunta planteada en el título de este ensayo sería «cero», pues es perfectamente posible asumir un compromiso religioso genuino, aun con el cristianismo, sin preocuparse por cuestiones de pruebas. Esto nos recuerda a John Wesley, quien se convertiría en uno de los padres del avivamentismo del siglo XVIII y del Gran despertar, y quien, en una pequeña reunión morava en Aldersgate, sintió en su corazón «un extraño calor»[1]. Dado que la esencia del compromiso cristiano es el reconocimiento personal de que uno no ha alcanzado los estándares perfectos de Dios y de que la restauración de la comunión con él está disponible únicamente a través de la redención llevada a cabo por Cristo en la cruz, ese compromiso puede producirse sin ansiedades asociadas a consideraciones probatorias.

Sin embargo, en una era secular muy crítica de las afirmaciones cristianas, en la cual, además, se ofrece una abundancia de opciones religiosas y filosóficas,

---

[1] «Por la noche fui muy de mala gana a una sociedad en Aldersgate Street, donde se estaba leyendo el prefacio de Lutero a la Epístola a los Romanos. Alrededor de las nueve menos cuarto, mientras el líder describía el cambio que Dios obra en el corazón por medio de la fe en Cristo, sentí un extraño calor en mi corazón. Sentí que efectivamente confiaba solo en Cristo para la salvación; y me fue dada la seguridad de que él había quitado mis pecados, mis propios pecados, y me había salvado de la ley del pecado y de la muerte» (Diario de John Wesley, 24 de mayo de 1738, Christian Classics Ethereal Library — https://www.ccel.org/ccel/wesley/journal.vi.ii.xvi.html).

muchos indagadores dudan en comprometerse con el evangelio cristiano porque tienen dudas sobre lo que constituiría una decisión razonable. Habiendo oído, sopesado y visto el valor de lo que el Nuevo Testamento describe como las «muchas pruebas convincentes»[2] de la verdad cristiana, aún les preocupa profundamente saber si alguna de esas pruebas realmente justificaría un compromiso de por vida. Por ejemplo, en la sesión de julio de 2011 de nuestra Academia Internacional de Apologética, Evangelización y Derechos Humanos[3], un participante nos escribió, al registrarse: «Creo que el cristianismo no ha cumplido con su carga de la prueba. Estoy bastante familiarizado con los argumentos apologéticos habituales y no me parecen convincentes. Solo me parecen útiles para quien tiene una idea preconcebida necesitada de apoyo».

En este documento solo se tratarán parentéticamente las evidencias cristianas específicas como tales, pues ya se han expuesto muy detalladamente en otro lugar[4]. Nuestro propósito aquí es simplemente plantear la siguiente pregunta: *dado que las evidencias para una postura religiosa existen*, ¿qué constituiría, en principio, un motivo adecuado para comprometerse con la verdad de la fe a la que esas evidencias apuntan?

El participante de la Academia que acabamos de citar utiliza la expresión «carga de la prueba». Esto es muy natural, pues las cuestiones relativas a la prueba competen especialmente al Derecho. Comenzaremos, pues, por ese ámbito, donde los conflictos más intransigentes de la sociedad son arbitrados por los refinados estándares de la evidencia legal. Cualquier ayuda que se ofrezca desde el punto de vista jurisprudencial debería, por tanto, ser de utilidad más que rutinaria cuando pasemos a tratar la cuestión religiosa como tal[5].

La carga de la prueba

¿Qué significa la «carga de la prueba»? En la tradición angloamericana

---

[2] Hechos 1:3.

[3] http://www.apologeticsacademy.eu

[4] Por ejemplo, véanse obras del presente autor como *Tractatus Logico-Theologicus* (4ª ed.; Bonn, Germany: Verlag für Kultur und Wissenschaft, 2009); disponible en www.1517.org.

[5] «Si los escépticos admiten que los tribunales son instrumentos fiables de la justicia, entonces también deberían admitir que las facultades cognitivas, dados un desarrollo y una capacidad de atención adecuados, son instrumentos fiables para aprehender el mundo» (William C. Davis, *Thomas Reid's Ethics: Moral Epistemology on Legal Foundations* [London: Continuum, 2006], 62). Para más detalles sobre el valor de las pruebas jurídicas en la defensa de la verdad cristiana, véase John Warwick Montgomery, *History, Law and Christianity* (Calgary, Alberta: Canadian Institute for Law, Theology and Public Policy, 2002) [Disponible en español como *Una defensa histórica y jurídica del cristianismo* (Irvine, CA: 1517 Publicaciones, 2024); N. del T.].

del derecho consuetudinario, se refiere a una de dos nociones interrelacionadas: la carga de presentar pruebas y la carga de la persuasión.

La carga de presentar pruebas respecto de una cuestión significa estar propenso a una resolución adversa (generalmente un fallo o un veredicto dirigido) en el caso de que no se presenten pruebas sobre la cuestión. Suele recaer primero sobre la parte que ha alegado la existencia del hecho [...].

En la mayoría de los casos, la parte que tiene la carga de alegar un hecho tendrá también la carga de presentar pruebas de su existencia, así como la de persuadir al jurado[6].

No debería concluirse que el demandante (o el fiscal, en los casos penales) siempre tiene la carga de presentar pruebas. Si el acusado presenta una defensa afirmativa (por ejemplo, demencia), dicho acusado tiene la carga de aportar pruebas que apoyen su argumento.

En cuanto a la carga de la persuasión, «se convierte en un factor crítico solo si las partes han sostenido sus cargas de presentar pruebas y solo cuando se han presentado todas las pruebas. [...] El jurado debe ser informado de que, si la parte que tiene la carga de la persuasión no ha cumplido con esa carga, la cuestión se decidirá en contra de aquella parte»[7].

La forma en que los dos significados jurídicos de la carga de la prueba se entrelazan debería ser obvia. En los términos más generales, «al comentario jurídico tradicional le ha acomodado colocar las cargas sobre la parte que busca la intervención de la ley: sobre el demandante, en los casos civiles, y sobre la acusación, en los juicios penales»[8]. Esto se basa en el sentido común, como argumentó la gran autoridad del siglo XX en derecho probatorio, John Henry Wigmore; el principio no es más que un caso especial de «la situación común a todos los casos en que se intenta persuadir, ya sea en el mercado, en el hogar o en el foro. [...] Lo importante es el *deseo de que se lleven a cabo acciones*. En los asuntos de la vida, no sostener la carga de la prueba es penalizado»[9].

---

[6] John William Strong, ed., *McCormick on Evidence*, vol. 2 (4ª ed., St. Paul, MN: West, 1992), 425, 427 (sec. 336, 337).

[7] *Ibid.* 426 (sec. 336).

[8] Richard H. Gaskins, *Burdens of Proof in Modern Discourse* (New Haven, CT: Yale University Press, 1992), 23.

[9] John Henry Wigmore, *Evidence in Trials at Common Law*, vol. 9, ed. James H. Chadbourn (ed. rev., Boston, MA: Little, Brown, 1981-1985), 285-86 (sec. 2485); en la cita, las cursivas son de Wigmore.

¿Qué ocurre, entonces, con la afirmación tan frecuente de los creyentes religiosos —especialmente aquellos de convicciones dogmáticas o pietistas— de que «la carga de demostrar que la fe *no* es cierta recae sobre el incrédulo»? Este argumento se apoya a veces en pasajes de las Escrituras como: «El necio ha dicho en su corazón: "No hay Dios"» (y, por tanto, se dice que el pasaje significa que, puesto que todas las personas creen en Dios a excepción de los necios, debe ser responsabilidad del no creyente demostrar su ateísmo/incredulidad). Sin embargo, (1) el texto aquí se refiere específicamente al «corazón», no a la «cabeza» (bien puede haber argumentos no necios contra la fe, aunque el corazón anhele a Dios); (2) en un mundo pluralista, hay numerosas opciones religiosas contrapuestas, por lo que resulta tonto e improductivo esperar que el no creyente las refute todas; y (3) teniendo en cuenta la naturaleza contingente del universo, una negativa cósmica nunca puede ser probada de todos modos, por lo que los intentos en esta línea difícilmente establecen la validez de todas o cualquiera de las proposiciones positivas (tal como la existencia de una Deidad dada).

En contra de este intento de hacer recaer la carga de la prueba sobre el incrédulo, el filósofo Antony Flew argumentó que debería recaer sobre el que defiende una postura religiosa: «Si ha de establecerse que hay un Dios, debemos tener buenos motivos para creer que realmente es así. Mientras dichos motivos no se presenten —y a menos que se presenten—, no tendremos razón alguna para creer; y en tal situación, la única postura razonable será la del ateo negativo o la del agnóstico. Así que la carga de la prueba tiene que recaer sobre la proposición [del teísmo]»[10].

Debemos estar de acuerdo. Y vemos con mucho recelo el nivel de espiritualidad de los creyentes que intentan hacer recaer la carga de la prueba sobre el no cristiano. ¿Acaso nunca han entendido el principio misionero de san Pablo, de que es el creyente quien tiene la carga —la carga de «hacerse todo a todos», para que «por todos los medios algunos sean salvos», haciéndolo «todo por amor del evangelio»—?[11]

El nivel de la prueba

Ya debería resultar claro que, aunque nuestro objetor escriba: «Creo que

---

[10] Antony Flew, *The Presumption of Atheism: God, Freedom and Immortality* (Buffalo, NY: Prometheus, 1984), 22. Antes de su muerte en 2010, Flew pasó del ateísmo al deísmo, principalmente como resultado de las evidencias de un diseño inteligente en el universo.

[11] Vale la pena considerar todo el argumento de Pablo (1 Corintios 9:19-23).

el cristianismo no ha cumplido con su carga de la prueba», lo que realmente le preocupa no es la *carga* (que el cristianismo debería asumir como es debido), sino el *nivel* de la prueba, es decir, el grado de fuerza probatoria ofrecido en nombre de la fe.

¿Cuáles son los principios jurídicos del derecho consuetudinario concernientes al nivel de la prueba?

En primer lugar, la prueba descansa en la *probabilidad*, no en la certeza absoluta ni en la mera posibilidad. El *Reglamento Federal de Pruebas* lo expresa en términos muy claros: una prueba relevante es «aquella que tiende a hacer que la existencia de un hecho importante para la resolución del litigio sea más o menos probable de lo que sería sin [la prueba]»[12]. Esta confianza en la probabilidad, más que en la certeza absoluta o en la posibilidad, está plenamente de acuerdo con las conclusiones de la epistemología analítica moderna. Las únicas certezas absolutas son aquellas creadas por definición (conformidad con los conceptos fundamentales, principalmente el principio de contradicción, en la lógica formal; conformidad con el conjunto de axiomas, en las matemáticas puras; o afirmaciones autorreferenciales como la tautología), y estas solo operan en el ámbito de lo puramente *formal*. Cuando se trata de cuestiones de hechos —como en las disputas legales, pero también en las afirmaciones religiosas del cristianismo histórico—, la veracidad de las afirmaciones solo puede determinarse evaluando la probabilidad de las pruebas. En lo que respecta a las posibilidades, difícilmente pueden ser la base de la toma de decisiones, ya que, en un universo contingente, *cualquier cosa* es teóricamente posible, por lo que el razonamiento posibilista puede arrojar un número infinito de resultados, ninguno de los cuales será necesariamente convincente.

Pero el Derecho no se conforma con la categoría general de probabilidad, sino que se esfuerza por distinguir variedades, o estándares, de decisiones probabilísticas. En el derecho inglés clásico, existen dos de estos estándares: el estándar superior aplicable a los juicios penales (que son los más graves, pues las penas pueden implicar el encarcelamiento y, en Estados Unidos, la ejecución), y un estándar inferior para las acciones civiles. El primer estándar es el de la «certeza moral, más allá de toda duda

---

[12] *Fed. R. Evid.* 401. *Cf.* John Warwick Montgomery, *Law and Gospel* (2ª ed.; Calgary, Alberta: Canadian Institute for Law, Theology and Public Policy, 1994), sec. 16 («The Law of Evidence»), 34-37.

razonable», y el segundo, el de la «preponderancia de la prueba». El estándar civil, aplicable donde suele haber solamente dinero o bienes en juego, es una mera ponderación de pruebas: prevalece la parte capaz de demostrar el 51 % frente al 49 % de la otra parte. En los juicios penales, antes de juzgar culpable al acusado, se requiere certeza *moral* (nótese que el estándar no es la certeza *absoluta*), y en términos generales, «más allá de toda duda razonable» significa que, antes de decidir que el acusado es culpable, el jurado debe ser capaz de excluir todas y cada una de las demás explicaciones «razonables» del delito (explicaciones que encajarían con las pruebas admisibles en el caso)[13].

Sin duda, estos dos estándares no son los únicos posibles. «En los Estados Unidos parecen reconocerse tres estándares de prueba, hallándose la prueba por una evidencia "clara, fuerte y convincente" a medio camino entre la prueba por una preponderancia de probabilidad y la prueba más allá de toda duda razonable»[14].

¿En cuál de estos niveles deberían hallarse las pruebas exigidas para hacer un compromiso religioso? La mejor analogía parece estar en la norma penal, pues una decisión religiosa, tal como los veredictos y las sentencias en los juicios penales, conlleva las consecuencias más graves, que afectan a la vida misma. Los defensores del cristianismo histórico se han esforzado por demostrar, por ejemplo, que (1) las profecías del Antiguo Testamento cumplidas en la vida terrenal de Jesús alcanzan una importancia estadística ante la cual las explicaciones naturalistas resultan totalmente inadecuadas[15], y que (2) el argumento en favor de que Cristo realmente resucitó de entre los muertos es tan poderoso que todos los intentos por dar una explicación que suprima la resurrección simplemente no sirven: entran en claro conflicto con la evidencia histórica relevante (y abrumadora)[16].

---

[13] En el derecho inglés moderno, sin embargo, al juez no se le permite definir la «certeza moral, más allá de toda duda razonable» fuera de decirle al jurado que deben estar «seguros» de la culpabilidad del acusado. En un artículo jurídico académico sobre el tema, hemos sugerido que, al menos en parte, esta reticencia puede derivarse del miedo endémico de los ingleses a ofender por hablar con demasiada precisión; véase John Warwick Montgomery, «The Criminal Standard of Proof», *New Law Journal* 148 (1998): 582-85.

[14] Rupert Cross, *Evidence* (5ª ed.; London: Butterworths, 1979), 118.

[15] John Warwick Montgomery, «Prophecy, Eschatology and Apologetics», en *Christ Our Advocate* (Bonn, Germany: Verlag für Kultur und Wissenschaft, 2002), 255-65; también en David W. Baker, ed., *Looking into the Future* (Grand Rapids, MI: Baker Academic, 2001), 362-70.

[16] Montgomery, *Tractatus Logico-Theologicus* (4ª ed.; Bonn, Germany: Verlag für Kultur und Wissenschaft, 2009), prop. 3.1–3.7; John Warwick Montgomery, *Christ as Centre and Circumference* (Bonn, Germany: Verlag für Kultur und Wissenschaft, 2011), parte 4, cap. 2.

¿«Las afirmaciones extraordinarias requieren pruebas extraordinarias»?

Sin embargo, cuando se entra en el ámbito del compromiso religioso, ¿no se plantean problemas insuperables que no se encuentran en el ámbito jurídico —puesto que las decisiones religiosas tienen una dimensión eterna—? ¿No puede el incrédulo argumentar que, en principio, es sencillamente imposible que las pruebas —cualesquiera sean— justifiquen un compromiso religioso?

Históricamente, este estilo de argumentación se ha presentado de diferentes formas. En la época clásica tardía encontramos el axioma «lo finito no es capaz de lo infinito»[17]: el mundo es incapaz de la presencia de lo absoluto, por lo que ninguna cantidad de pruebas podría jamás demostrar la presencia de lo infinito en nuestro mundo finito. La falacia de este argumento (aplicable no solo a una Encarnación divina y a una Biblia infalible, sino también a la presencia real de Cristo en la Sagrada Eucaristía) es simplemente que, como seres humanos, no tenemos ninguna idea de lo que Dios es o no es capaz de hacer, por lo que no podemos descartar acontecimientos *a priori*. Bien podría ser que la verdad fuera lo opuesto al aforismo: ¡*infinitum capax finiti*! Solo una investigación factual del mundo para ver si Dios ha entrado en él podrá responder a la pregunta.

Luego está la «zanja» de Lessing: la afirmación de que los hechos accidentales de la historia jamás pueden alcanzar o justificar las verdades absolutas de la razón. Aquí se ha cometido un grave error de categorización. Si las «verdades absolutas de la razón» son puramente formales y carecen por completo de contenido, entonces no tienen absolutamente nada que ver con las afirmaciones religiosas cristianas. Si, por el contrario, son de naturaleza factual, entonces solo la investigación factual y el razonamiento probabilístico podrían justificarlas. Pero es en esto, exactamente, que consiste la prueba histórica: en evidencias probables de sucesos históricos. Si, por ejemplo, Dios se hizo hombre en Jesucristo, esa afirmación es tan susceptible de investigación histórica como cualquier otro presunto suceso.

David Hume sostuvo que nunca podría demostrarse ningún milagro, ya que (basándose en la «experiencia uniforme»), por encima de la verdadera

---

[17] *Cf.* Peter Bruns, «Finitum non capax infiniti: Ein antiochenisches Axiom in der Inkarnationslehre Babais des Großen († nach 628)», *Oriens Christianus* 83 (1999), 46-71.

existencia del milagro, siempre sería más milagroso que el individuo que afirma o presenta pruebas del milagro no estuviera engañando o siendo engañado. Los argumentos que postulan milagros (como el argumento en favor de la resurrección de Cristo) son, por tanto, imposibles desde el principio. Sin embargo, la postura de Hume ha sido refutada en profundidad, y no solo por filósofos cristianos[18]. El problema insalvable del argumento de Hume es que es perfectamente circular: *sin duda*, si la naturaleza es completamente uniforme (es decir, si las leyes naturales jamás se rompen), los milagros no ocurren. Pero ¡*esa es precisamente la pregunta que necesitamos responder!* Y la única forma adecuada de responderla consiste en realizar una investigación seria de los hechos relacionados con las afirmaciones de milagros. No se puede eludir la cuestión de los milagros con dogmatizaciones *a priori* sobre la naturaleza del universo. De hecho, como se ha señalado, por principio, en un universo relativista einsteiniano no se puede excluir ningún acontecimiento: todo está sujeto a la investigación empírica[19].

Pero el argumento actual más influyente contra la eficacia de las afirmaciones religiosas basadas en pruebas históricas está representado por el adagio: «Las afirmaciones extraordinarias requieren pruebas extraordinarias», dicho popularizado por el fallecido Carl Sagan pero que, al parecer, tiene su origen en el sociólogo Marcello Truzzi[20]. ¿No constituye esta declaración una verdad obvia que contradice todas las afirmaciones de milagros, y en particular la de la resurrección de Cristo? Puesto que un milagro es sumamente «extraordinario», ¿no tendrían que ser también sumamente extraordinarias las pruebas necesarias para demostrarlo?

En una palabra, la respuesta es ¡no! ¿Por qué? En consonancia con lo que hemos señalado anteriormente, el cliché Truzzi-Sagan tendría sentido únicamente si uno conociera la estructura del universo —sus leyes cósmicas y, por lo tanto, lo que puede y no puede suceder—. Pero en

---

[18] John Earman, *Hume's Abject Failure: The Argument Against Miracles* (New York: Oxford University Press, 2000).

[19] La preferencia de Antony Flew por un «milagro psicológico» (los discípulos habrían proclamado la resurrección y muerto por ella a sabiendas de que nunca ocurrió) antes que un «milagro biológico» factual y físico (la resurrección de Cristo) no es más que una variación del argumento de Hume y adolece exactamente de la misma falacia apriorística. Véase John Warwick Montgomery, *Faith Founded on Fact* (Nashville, TN: Thomas Nelson, 1978), 52-58.

[20] Véase John Warwick Montgomery, «Apologetics Insights from the Thought of I. J. Good», *Philosophia Christi* 13 (2011), 203-12.

términos relativistas einsteinianos, nadie tiene ese conocimiento, por lo que nadie puede determinar racionalmente las probabilidades a favor o en contra de un acontecimiento dado. Solo la investigación de los hechos permite concluir que un suceso x ocurrió o que un suceso y no ocurrió.

Sin embargo, ¿no reconoce la ley una diferencia en el peso que debe concederse a las pruebas de los sucesos menos probables? En una sentencia muy citada, Lord Denning habló de «grados de prueba» en los estándares probatorios tanto penales como civiles: «El grado depende del tema. Un tribunal civil, al examinar una acusación de fraude, naturalmente exigirá un grado de probabilidad más elevado que el que exigiría al preguntar si se ha establecido una negligencia. No adopta un grado tan alto como un tribunal penal, aun al considerar una acusación de naturaleza penal; no obstante, aun así requiere un grado de probabilidad proporcional a la ocasión»[21].

Aquí debemos hacer una distinción entre lo descriptivo y lo normativo. Aunque sin duda la variación descrita por Lord Denning puede producirse en la práctica, especialmente cuando los encargados de juzgar los hechos son jurados legos, la idea de que se debe permitir que el «tema» produzca una relajación o un aumento del nivel de la prueba es una idea muy peligrosa. Por ejemplo, ¿debería un tribunal adoptar una perspectiva indulgente sobre las pruebas necesarias cuando solo se malversan 100 libras, pero adoptar un enfoque estricto cuando la cantidad es de 5000? Nadie aceptaría racionalmente una escala móvil de pruebas en función de la suma monetaria en cuestión, ni debería crearse semejante escala en relación con el tipo de delito (pocas pruebas para demostrar el hurto en una tienda, muchas pruebas para demostrar el robo de un automóvil, etc.). Así, al analizar el nivel de la prueba en los casos de difamación, el profesor Kiralfy observa acertadamente que «el demandado que alega justificación no tiene que asumir una mayor carga probatoria respecto de la veracidad de una imputación solo porque esta sea muy perjudicial»[22].

La aplicación a los argumentos religiosos basados en la facticidad de los acontecimientos históricos debería ser obvia. Por supuesto, la resurrección de Cristo es inmensamente más importante que el cruce del

---

[21] *Bater v. Bater*, [1951] P. 35, 36-37.
[22] Albert Kiralfy, *The Burden of Proof* (Abingdon, UK: Professional, 1987), 89. El profesor Kiralfy se refiere al caso *Lawrence v. Chester Chronicle*, [1986] 2 C. L. 329.

Rubicón realizado por César, pero los criterios necesarios para demostrar que ocurrió lo primero no difieren de los empleados para establecer lo segundo. Si se admitiera la «importancia» como criterio para la suficiencia de las pruebas, se deduciría que un francés podría legítimamente exigir muchas más pruebas que un japonés para demostrar que Napoleón perdió en Waterloo, pues la batalla y su resultado son mucho menos importantes para un japonés que para un francés.

Pero ¿qué ocurre con el propio concepto de «milagro»? ¿No es la noción en sí misma tan extraordinaria que ninguna prueba podría demostrarla? Aquí debemos distinguir entre *mecanismo* y *facticidad*. Realmente el mecanismo de un milagro escapa a nuestro conocimiento, pero eso es irrelevante para saber si se produce o no. Ya en el siglo XVIII, Thomas Sherlock, maestro de la Iglesia del Temple de Londres y pastor de abogados, señaló que el argumento en favor de la resurrección de Jesucristo no depende de nuestra comprensión de cómo se producen las resurrecciones, sino directamente de si hay pruebas suficientes de que Jesús murió en la cruz y de que, después de su muerte, se mostró físicamente vivo delante de testigos confiables[23]. Así pues, determinar que Jesús resucitó de entre los muertos no tiene nada de «extraordinario»: basta con demostrar que (a) murió y que (b) después estuvo físicamente vivo —constataciones que hacemos todos los días (aunque en orden inverso)—.

¿Estamos diciendo que las pruebas de un milagro deben aceptarse con la misma facilidad que las de un hecho no milagroso? ¿Se encuentran las visiones de Fátima y la aparición del ángel Moroni a Joseph Smith en la misma base que el asesinato de Lincoln y el *Anschluss* de Hitler? Simplemente estamos diciendo que el grado de la prueba no depende de la frecuencia del evento (ya que *todos* los eventos históricos son únicos) ni de si el evento es caracterizado como «milagroso» o «no milagroso». El grado de la prueba depende, en todos los casos, de la calidad de la evidencia a favor del acontecimiento afirmado —*nada más* y *nada menos* que eso—. Si alguien afirmara que un durazno puede convertirse milagrosamente en una naranja china, tendría que demostrar, por medios

---

[23] Thomas Sherlock, *Tryal of the Witnesses of the Resurrection of Jesus* (London: J. Roberts, 1729). El libro de Sherlock se reproduce fotolitográficamente en John Warwick Montgomery, ed., *Jurisprudence: A Book of Readings* (ed. rev.; Strasbourg: International Scholarly Publishers, 1980).

científicos ordinarios, que al inicio se tiene un durazno y luego una naranja china. Para una resurrección de entre los muertos, se requiere la misma clase de testimonio que para cualquier otro acontecimiento histórico; en este caso, que el objeto del milagro estuvo de hecho muerto, y después, físicamente vivo. La cuestión de la prueba no es en modo alguno metafísica: se basa en un sólido análisis histórico de las pruebas de milagros pasados (o en una sólida investigación científica contemporánea, en el caso del durazno). La naturaleza de la afirmación determina el método de prueba, y el estándar será el apropiado para determinaciones paralelas en el mismo ámbito.

El factor existencial

Sin embargo, cuando se trata del compromiso religioso, hay otra consideración que merece ser abordada. La discusión que sigue puede parecer una variación de la apuesta de Pascal, pero en realidad difiere considerablemente de ella. La apuesta de Pascal (tal y como Pascal la concibió) fue un argumento para llamar la atención en la línea siguiente: aunque no hubiera pruebas del cristianismo —o si las pruebas a *favor* y *en contra* estuvieran equilibradas—, todavía deberías aceptar a Cristo[24]. Lo que sugeriremos aquí es que, si hay buenas pruebas de las afirmaciones de Cristo (como es el caso) y, por tanto, buenas también para un compromiso con él, la indecisión debería disminuir considerablemente por la naturaleza misma de la afirmación cristiana en sí.

Supongamos que a uno le hacen una oferta por Internet con un respaldo considerablemente fiable (pero de ningún modo con un 100 % de certeza). Si uno debe proporcionar una suma no reembolsable de, digamos, 500 dólares, puede y debería desconfiar. Pero supongamos que no se exige un depósito: basta con enviar la dirección (o para mayor seguridad, la dirección de un apartado de correos) y la cantidad indicada será enviada por correo en forma de cheque. En este último caso, cualquier duda sobre el nivel de la prueba quedaría resuelta por la naturaleza de la oferta. Por supuesto, al llegar el cheque habría que tener suficiente confianza en el

---

[24] Nótese —como rara vez se reconoce— que Pascal, tras presentar la Apuesta, procedió a mostrar que existen, de hecho, poderosos argumentos en favor de la verdad cristiana. Véase la obra *Pensées* de Pascal en H. F. Stewart, ed., *Pascal's Apology for Religion* (Cambridge: Cambridge University Press, 1942), y el reciente análisis de la Apuesta por Jeff Jordan, *Pascal's Wager: Pragmatic Arguments and Belief in God* (New York: Oxford University Press, 2006).

donante para ir a cobrarlo, pero eso no supondría ninguna pérdida para el destinatario y, por lo tanto, la solución razonable sería realizar la transacción.

Las religiones difieren mucho en carácter. La palabra «religión» deriva del latín *religio*, que es una «atadura». Todas las religiones del mundo, exceptuando el cristianismo, «atan»: implican una gran cantidad de obligaciones morales, ceremoniales y sociales. Sin embargo, el evangelio cristiano es —como alguien ha dicho— la religión *más fácil* y la *más difícil* del mundo. Es la más fácil porque Dios mismo ha hecho todo para la salvación a través de Cristo, de modo que solo hay que aceptar el don gratuito, pero es la más difícil porque, para ello, uno debe reconocer su propio egocentrismo y, por tanto, su incapacidad de salvarse a sí mismo. La parte difícil no consiste en tener que satisfacer un estilo de vida oneroso; simplemente exige que uno renuncie a su egocentrismo irrealista, el cual es la raíz de nuestros problemas, para empezar[25].

Si uno se plantea un compromiso con la religión islámica, las cuestiones o los estándares referidos a la prueba no tienen importancia, pues el sistema de creencias es predestinacionista y determinista; simplemente hay que aceptar la autoridad revelacional del Corán sin preguntas ni evidencias. Si se acepta, se impone sobre uno un código social y legal que abarca todos los aspectos de la vida. Aun si se cumpliera mínimamente un nivel de prueba adecuado, habría que considerar seriamente el compromiso a la luz de las obligaciones que se derivan de la aceptación[26].

Convertirse en Testigo de Jehová exige negarse a saludar a la bandera, a realizar el servicio militar, o a hacer uso de transfusiones de sangre, aun en el caso de una enfermedad potencialmente mortal. Por tanto, incluso si hubiera pruebas sólidas a favor de la visión arriana de Jesús y la extraña exégesis de pasajes bíblicos de la Sociedad Watchtower (que no las hay[27]), uno bien podría dudar en comprometerse con esa posición religiosa.

---

[25] Pero ¿qué ocurre con la inevitable «conformidad a Cristo» posterior a la conversión? Esto ocurre de forma natural, no onerosa, ya que (1) el Espíritu Santo, que entra en el corazón en la regeneración, es el agente activo para lograr una vida santa, y (2) el sistema de valores y los deseos de uno cambian, debido a la nueva relación de amor con Cristo —tal como, después de una unión matrimonial ideal, el marido preferirá pasar tiempo con su esposa en lugar de beber con sus antiguos compinches en el club—.

[26] *Cf.* William F. Campbell, *The Qur'an and the Bible in the Light of History and Science* (Upper Darby, PA: Middle East Resources, 1986).

[27] Véase, entre otros, Walter R. Martin, *The Kingdom of the Cults* (ed. rev.; Minneapolis, MN: Bethany, 1985); recomendamos a los lectores que utilicen las ediciones de este clásico preparadas por el autor antes de su muerte.

Sin embargo, en el caso del cristianismo histórico, la carga de la prueba es debidamente asumida por el adherente, no se transfiere al incrédulo, y el nivel de prueba es el más alto: el de la certeza moral. Si uno sigue dudando en hacerse cristiano, tal vez debería considerar que no se exige *nada* más que el reconocimiento de la condición egocéntrica propia (atestiguada no solo por la enseñanza bíblica, sino también por el psicoanálisis secular, la gran literatura del mundo y el conocimiento que uno tenga de sí mismo), así como la admisión concomitante de que uno no puede subir al cielo por sus propios medios.

Además, supongamos que los beneficios potenciales y demostrables de un compromiso religioso son del más alto nivel. Esto proporcionaría una razón adicional para comprometerse cuando se satisface un nivel de prueba debidamente elevado. En el Islam, se ofrece un paraíso con vírgenes, pero este tipo de «verificación escatológica»[28] es difícilmente persuasivo en el mundo presente. En cuanto a la vida en este mundo, esta está regida por una deidad estricta y predestinadora, cuyas decisiones son insondables y a la que, en todos los casos, hay que someterse (la palabra «Islam» significa «sumisión»). En cuanto al cristianismo bíblico, el contraste no podría ser mayor: en Romanos 8:28, sobre la base del carácter de Dios como Padre amoroso, se hace a los creyentes la promesa incondicional de que «todas las cosas cooperan para bien», una promesa que se ha verificado reiteradamente en la experiencia y la vida personal de los creyentes[29].

Expresemos este punto utilizando tanto una fórmula como un diagrama.

Suponiendo que se satisface el estándar de la prueba (y *solo* si es así), si uno sigue dudando a la hora de asumir un compromiso religioso, entonces: donde C = compromiso legítimo, B = beneficios concretos y empíricos prometidos por la fe, y E = requisitos de entrada a la fe,

$$C = B / E$$

---

[28] El teólogo liberal John Hick acuñó el término y lo defendió seriamente como argumento a favor del cristianismo; lo tonto de la idea se refleja en el posterior abandono de la fe por parte de Hick.

[29] Y cabe señalar que la promesa bíblica de la vida eterna, a diferencia de las esperanzas escatológicas de otras religiones, se fundamenta en la evidencia de la conquista factual de la muerte por Jesucristo. Él dijo: «Porque yo vivo, ustedes también vivirán» (Juan 14:19).

Ergo: *Cuanto menores sean los requisitos de entrada y mayores los beneficios, más razones habrá para comprometerse con la evidencia de una postura de fe que ya satisface un alto nivel de prueba.*

O,

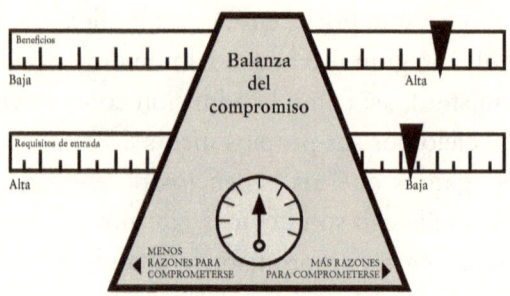

Estamos argumentando que, en contraste con las afirmaciones religiosas rivales, la aceptación del evangelio es una situación donde solo se puede ganar. Cualquier duda referida a la satisfacción del nivel de la prueba (y ¿puede esto ser realmente un problema, considerando que el nivel de la prueba concuerda con la norma legal más alta?) debe resolverse a favor, y no en contra, del evangelio. Argumentar de cualquier otro modo es simplemente declarar que, *independientemente de las pruebas y de la disponibilidad de beneficios potenciales máximos con exigencias mínimas para mí*[30], prefiero seguir siendo el centro —el dios— de mi propia vida y universo. Pero eso, como bien observó C. S. Lewis, es la definición misma del infierno.

La conclusión es que, a la luz del peso de la evidencia, el único curso de acción razonable es el de san Agustín, en el siglo V, seguido por una multitud de conversos al cristianismo a lo largo de los siglos. Tras años de lucha intelectual, Agustín vio que la fe cristiana merecía que él se comprometiera. Solo le quedaba un problema moral: un estilo de vida incompatible con el amor de Cristo. Finalmente, al escuchar el mensaje de las Escrituras: «Vístanse del Señor Jesucristo, y no piensen en proveer para las lujurias de la carne» (Romanos 13:13-14), «todas las tinieblas de la duda se desvanecieron al infundirse en mi corazón una luz como de serenidad»[31].

---

[30] La letra de la canción evangélica dice: «Tal como soy, sin pretexto alguno, excepto que tu sangre fue derramada por mí, y que me pides que venga a ti, oh Cordero de Dios, vengo, vengo».

[31] Augustine, *Confessions*, VIII, sec. 12, Christian Classics Ethereal Library — https://www.ccel.org/ccel/augustine/confess.ix.xii.html.

¿Un universo computable?

En un reciente compendio de artículos relacionados con la obra del consumado teórico matemático y descifrador de códigos Alan Turing, aparece lo siguiente: «Alan Turing nunca dijo que el universo físico fuera computable, y ninguno de sus resultados técnicos implica que lo sea. Algunos informáticos y físicos parecen enfurecidos por la sugerencia de que el universo físico podría ser incomputable; pero es una cuestión importante, y la verdad es que simplemente no lo sabemos»[1].

¿A qué se debe esta reacción negativa de «algunos informáticos y físicos»?

Parece haber dos posibles razones. Las trataremos por separado.

En primer lugar, la evidencia a favor de un universo completamente material y mecánico (y, por tanto, totalmente computable) es tan poderosa que cualquier otro planteamiento debería rechazarse de plano.

Sin embargo, debería ser evidente que el universo es tan vasto que cualquier argumento que afirme que las explicaciones exclusivamente materialistas son plausibles debe quedarse necesariamente corto. Al menos desde Einstein, el universo no puede verse como un campo de juego confinado en el que los humanos comprendemos plenamente todas las reglas (o podríamos descubrirlas en el futuro). Pero ¿no han conseguido los materialistas demostrar la inaplicabilidad de las afirmaciones

---

[1] Jack Copeland, Mark Sprevak, y Oron Shagrir, «Is the Whole Universe a Computer?», en *The Turing Guide*, ed. Jack Copeland, *et al.* (Oxford: Oxford University Press, 2017), 445-62.

«espirituales» para explicar los fenómenos? En el ámbito del espiritismo y la magia profesional, los éxitos han sido impresionantes. La refutación de las explicaciones basadas en espíritus ha sido muy importante para la historia, por ejemplo, de la Sociedad para la Investigación Psíquica[2].

La dificultad, sin embargo, reside en la multitud de fenómenos aún inexplicables desde el punto de vista materialista. Esto hace pensar, por ejemplo, en las apariciones de C. S. Lewis, ya difunto, al estudioso y traductor del Nuevo Testamento J. B. Phillips:

> El fallecido C. S. Lewis, a quien yo no conocía muy bien y había visto en persona solamente una vez, pero con quien había mantenido bastante correspondencia, me hizo vivir una experiencia insólita. Pocos días después de su muerte, mientras yo veía la televisión, «apareció» sentado en una silla a poca distancia de mí, y pronunció algunas palabras especialmente pertinentes para las difíciles circunstancias que yo estaba atravesando. Lucía más rubicundo que nunca, con una sonrisa de oreja a oreja y, como se suele decir, rebosante de salud. Lo interesante para mí fue que no había pensado en él en absoluto […]. Una semana más tarde, estando yo esta vez en la cama, leyendo antes de dormir, volvió a aparecer, con un brillo aun más rosado que antes, y me repitió el mismo mensaje, que en aquel momento fue muy importante para mí. Esto me desconcertó un poco, y se lo comenté a cierto piadoso obispo jubilado que vivía por entonces aquí en Dorset. Me respondió: «Mi querido J__ __, este tipo de cosas ocurren todo el tiempo»[3].

Aun más significativa es la gran cantidad de afirmaciones de milagros históricos que no tienen una explicación materialista razonable. El principal de ellos es la resurrección de Jesucristo de entre los muertos. No podemos entrar aquí en las pruebas detalladas (se pueden encontrar fácilmente en otros lugares), pero señalaremos simplemente la presencia de testigos fiables de (1) la muerte y la sepultura de Jesús y de (2) sus apariciones resucitado —en su cuerpo físico— durante un período de cuarenta días después de su crucifixión[4].

---

[2] Véase John Warwick Montgomery, *Principalities and Powers: The World of the Occult* (Minneapolis, MN: Bethany, 1973).

[3] J. B. Phillips, *Ring of Truth* (New York: Macmillan, 1967), 118-19.

[4] Véase Montgomery, *History, Law and Christianity* (3ª ed.; Irvine, CA: 1517 Legacy/New Reformation Press, 2014) [Disponible en español como *Una defensa histórica y jurídica del cristianismo* (Irvine, CA: 1517 Publicaciones, 2024); N. del T.]; y *Christ as Centre and Circumference* (Bonn, Germany: Verlag fuer Kultur und Wissenschaft, 2012).

Una sola prueba de este tipo basta para echar por tierra una metafísica materialista universalmente aplicable.

Por lo tanto, si el materialismo no puede establecerse como explicación universal de las cosas, ¿por qué indignarse por un universo que no se puede computar?

Sin duda, se podría argumentar que, en realidad, la cuestión no es el *materialismo*, sino el *mecanismo*: independientemente de si en el fondo todo es material, el universo es una máquina y, por tanto, en principio es computable.

Wittgenstein observó correctamente que la lógica (y, por tanto, las matemáticas y la computación) no nos muestra la sustancia del mundo; es como el andamiaje de un edificio: nos muestra la «forma» del mundo, pero no en qué consiste[5]. 2 + 2 = 4, pero la fórmula matemática (o cualquier programa de cálculo) no nos dice qué son los 2: podrían ser árboles o ratoncitos Pérez.

De ello se deduce que, para que un ser humano demuestre que todo el universo es computable, tendría que demostrar que en realidad no es más que una máquina (un problema tan imposible como demostrar que el universo es únicamente material) y que ha llegado a la naturaleza del programa cósmico definiéndolo totalmente.

Charles Babbage, al defender la legitimidad del milagro en un universo de leyes físicas, utilizó la analogía de un computador que solo en raras ocasiones, y aparentemente al azar, produce un resultado extraño, aparentemente milagroso. Si se conociera el programa completo, el resultado sería perfectamente comprensible, pero no habría otra manera. Babbage decía que solo Dios posee el programa universal (y, por lo tanto, lo que para nosotros son milagros no lo son para él)[6].

De ello se deduce que, desde un punto de vista mecanicista, los sujetos humanos no serían capaces de dar cuenta de los sucesos milagrosos ni de

---

[5] *Tractatus Logico-Philosophicus*, 6.124. «El "andamiaje" del mundo (6.124*a*) es lo mismo que la forma lógica del mundo. Al decir que la lógica exhibe (*darstellt*) este andamiaje, Wittgenstein nos está recordando su argumento, ya familiar, de que las proposiciones lógicas solo se ocupan de la forma lógica y, por tanto, en cierto sentido, no tienen contenido. Sin embargo, insiste en que la lógica tiene, no obstante, una "conexión" con el mundo (6.124*c*), de modo que, aunque las proposiciones lógicas no tratan de los objetos del mundo, siguen "mostrando algo sobre el mundo" (6.124*d*)» (Max Black, *A Companion to Wittgenstein's "Tractatus"* [Cambridge: Cambridge University Press, 1971], 329).

[6] Véase Montgomery, «Computer Origins and the Defense of the Faith», en *Christ as Centre and Circumference* y en *Perspectives on Science and Christian Faith* 56, nro. 3 (septiembre 2004): 189-203.

llegar a una descripción computacional completa del universo. En consecuencia, es irrelevante si el computabilista es materialista o mecanicista: en ambos casos, su *Weltanschauungen* es fideísta, producto de una fe ciega.

Esto nos lleva a la segunda interpretación posible de la «furia» producida por un punto de vista de no computabilidad.

¿No sería posible que el computabilista se sienta terriblemente amenazado por la realidad de un universo no materialista, no mecanicista, que ni siquiera en principio podría explicar? Se ha dicho: «Dios nos creó a su imagen, y desde entonces le devolvemos el cumplido». Es decir, la raza humana caída y egocéntrica quiere *ser Dios*, y no hay nada más irritante que tener que admitir que eso no va a funcionar. El ego humano está en permanente tensión con la finitud humana. Queremos ser Dios y poder explicarlo —computarlo— todo. Pero nuestra finitud (y la historia real de las cosas) hace que esto simplemente no sea una opción. Por lo tanto, tras sufrir uno o dos ataques psicológicos, afirmamos que —pese a todas las sólidas evidencias de lo contrario— *realmente* podemos, en principio, explicar todo el universo en su asombrosa complejidad y diversidad.

Sugerencia: Madura. La madurez consiste en reconocer la forma en que las cosas realmente *son*, no en esforzarse por convertir míticamente el universo en el tipo de lugar que nos gustaría que fuera, centrado en nosotros mismos. La perspectiva de Freud (*Moisés y el monoteísmo*) presenta una visión distorsionada: la creación de mitos no procede de los creyentes religiosos; es el materialista mecanicista quien crea míticamente un mundo totalmente computable y explicable que satisfaga su ego y sus deseos[7].

---

[7] El editor de *Philosophia Christi* ha autorizado la reimpresión de este artículo, publicado por primera vez en su número de invierno de 2017 (www.epsociety.org/philchristi).

Apéndice C
Cómo *no* interpretar la Biblia

Cuando mi mujer y yo estamos en Londres, solemos asistir a la iglesia de mi «Inn of Court» —gremio medieval de abogados—. Los *barristers*[1] deben ser miembros de al menos uno de los cuatro «Inns». Yo pertenezco tanto a Middle Temple como a Lincoln's Inn (fui llamado a la abogacía en Middle, y posteriormente me uní a Lincoln's, en parte por su superior bodega de vinos; pero esa es otra historia). Cada *Inn* tiene su propia iglesia o capilla; son «Royal Peculiars», es decir, directamente responsables ante la Reina y no están bajo la autoridad del obispo local (en este caso, el obispo de Londres). Tradicionalmente, son —como los propios *barristers*— de temperamento conservador y utilizan las magníficas liturgias del *Libro de oración común* del siglo XVII.

Durante las llamadas vacaciones legales largas, en los meses de verano, hay que buscar otro lugar de culto. Cerca de Ludgate Circus está la Iglesia de St. Bride, diseñada por Christopher Wren tras el Gran incendio de 1666 y asociada tradicionalmente con los periodistas (cuando habitaban Fleet Street). El noveno domingo después de la Trinidad (13 de agosto de 2017) asistimos al servicio allí, sobre todo por la maravillosa Eucaristía Coral.

El inconveniente fue la predicadora: la reverenda canóniga Alison Joyce, rectora de St. Bride's. Cuando ya era demasiado tarde para ir a otro

---

[1] En Inglaterra, abogados calificados para presentar casos delante de los tribunales superiores (N. del T.).

lugar, recordé un sermón que ella había predicado hace algún tiempo sobre la muerte, argumentando —sin mencionar la enseñanza bíblica de que la muerte es producto del pecado (Romanos 3:23), o que Cristo es la respuesta (Romanos 6:23)— que la muerte es esencial para la raza humana, pues de lo contrario el mundo estaría sobrepoblado y la gente seguiría viéndose obligada a vivir a pesar de sufrir terribles enfermedades y el dolor de la vejez extrema.

En esta ocasión, el sermón de Joyce fue una interpretación de Mateo 14:22-33, donde nuestro Señor camina sobre las aguas.

Comenzó —alentadoramente— desmintiendo a un profesor universitario de Florida que afirmaba que una explicación racional del suceso era el clima extremo de la época: las formaciones de hielo en el mar de Galilea habrían dado la impresión de que Jesús caminaba sobre las aguas.

Luego la rectora prosiguió con su propio racionalismo (un racionalismo proveniente, sin duda, de los críticos literarios del Nuevo Testamento). Dijo: Debemos entender lo que los escritores de los Evangelios estaban haciendo realmente. Escribieron para mostrar lo especial que era Jesús. La alimentación de los cinco mil pretendía mostrar que Jesús era infinitamente más importante que el profeta del Antiguo Testamento Eliseo, que había alimentado milagrosamente a un pequeño número de personas (2 Reyes 4:42-44), y el caminar sobre las aguas pretendía ser más eficaz que los paralelos del Antiguo Testamento, obligando a quienes escuchaban el relato a reconocer los beneficios de creer en Jesús (*cf.* Job 9:8).

Además, dijo, ¿de qué nos serviría a nosotros hoy que Jesús caminara sobre las aguas? En cambio, el mensaje de Jesús a Pedro y los demás discípulos, «No teman», está ahora mismo disponible para nosotros en nuestras dificultades. El milagro de calmar el miedo y darnos esperanza ocurre todo el tiempo en la Iglesia y en la vida de los creyentes.

¿Qué ocurre aquí?

1. El texto está siendo presentado como no histórico, haciendo caso omiso de lo que los escritores de los Evangelios dicen que están haciendo, es decir, presentar los hechos precisos del ministerio terrenal de Jesús (Lucas 1:1-4; cf. 2 Pedro 1:16).

2. Se está dando al texto un significado nuevo, no histórico, basándose en paralelos con el Antiguo Testamento. Estos paralelos son, por

supuesto, genuinos y funcionan como «tipos» de Cristo, pero difícilmente sugieren que los escritores del Nuevo Testamento estuvieran rehaciendo los acontecimientos de la vida de Jesús, en contra de lo realmente ocurrido, para mostrar que él era más grande que lo que encontramos en el Antiguo Testamento. Además, ¿cómo podrían haberse salido con la suya? El material de los Evangelios estuvo en circulación cuando los testigos hostiles del ministerio de Jesús aún vivían; sin duda habrían denunciado tales falsificaciones —tenían los medios, los motivos y la oportunidad—.

3. Si el acontecimiento milagroso no ocurrió realmente, ¿por qué habríamos de aceptar la lección espiritual que el predicador extrae de él? Jesús dijo, en particular: «Si les he hablado de las cosas terrenales, y no creen, ¿cómo creerán si les hablo de las celestiales?» (Juan 3:12).

4. La razón obvia para tratar el texto como lo hizo Joyce es eludir la necesidad de afirmar y defender lo milagroso. Sin embargo, ¿no es una resurrección milagrosa el centro mismo de la fe cristiana, y no perderíamos potencialmente incluso eso si se impusiera tal método interpretativo al Nuevo Testamento? ¿Y si quizás no hubo una resurrección histórica, física —y lo importante, más bien, es la capacidad de Jesús para encarnar un mensaje que afirma más la vida que los profetas del Antiguo Testamento—?

Conclusión: El racionalismo de la predicadora no es mejor, ni más justificable, que el recurso del profesor de Florida a las formaciones de hielo. De hecho, es mucho más peligroso, pues presenta una apertura para hacer caso omiso de la base fáctica del mensaje bíblico que salva —la factualidad de la Encarnación misma—. Un Dios que creó milagrosamente el cosmos a partir de la nada es sin duda capaz no solamente de nacimientos virginales y resurrecciones reales, sino también de caminar realmente sobre las aguas.

Sobre el autor

Catedrático emérito de Derecho y Humanidades de la Universidad de Bedfordshire (Inglaterra); Profesor general de 1517: The Legacy Project (California, EE.UU.); y director de la Academia Internacional de Apologética, Evangelismo y Derechos Humanos de Estrasburgo, Francia (www.apologeticsacademy.eu). Ph. D., Chicago; D.Théol., Estrasburgo; LL.D., Cardiff; Dr. [h.c.], Instituto de Religión y Derecho, Moscú. *Barrister-at-Law* (Inglaterra y Gales), *Avocat à la Cour* (París), miembro de los colegios de abogados de California, el Distrito de Columbia, Virginia, el estado de Washington y la Corte Suprema de los Estados Unidos. La especialidad jurídica del Dr. Montgomery es el derecho internacional y comparado de los derechos humanos, y defiende regularmente casos de libertad religiosa ante el Tribunal Europeo de Derechos Humanos. Tiene doble nacionalidad estadounidense y británica, es autor de unos cincuenta libros en cinco idiomas (www.newreformationpress.com) y figura en distintas versiones de la guía *Who's Who*, dedicada a proveer información sobre personas destacadas (ediciones de Estados Unidos, Francia, y Todo el mundo), así como en el *European Biographical Directory* y *Contemporary Authors*.